15ª edição - Março de 2023

Coordenação editorial
Ronaldo A. Sperdutti

Projeto gráfico e editoração
Juliana Mollinari

Capa
Juliana Mollinari

Imagens da capa
123RF

Assistente editorial
Ana Maria Rael Gambarini

Revisão
Alessandra Miranda de Sá
Ana Maria Rael Gambarini

Impressão
Centro Paulus de produção

Direitos autorais reservados. É proibida a reprodução total ou parcial, de qualquer forma ou por qualquer meio, salvo com autorização da Editora. (Lei nº 9.610, de 19 de fevereiro de 1998)

Traduções somente com autorização por escrito da Editora.

© 2023 by Boa Nova Editora.

Av. Porto Ferreira, 1031 | Parque Iracema
CEP 15809-020 | Catanduva-SP
17 3531.4444

www.**petit**.com.br | petit@petit.com.br
www.**boanova**.net | boanova@boanova.net

Dados Internacionais de Catalogação na Publicação (CIP)
(Câmara Brasileira do Livro, SP, Brasil)

```
Antônio Carlos (Espírito)
    Palco das encarnações / do espírito Antônio
Carlos ; psicografia de Vera Lúcia Marinzeck de
Carvalho. -- Catanduva, SP : Petit Editora, 2023.

    ISBN 978-65-5806-041-3

    1. Espiritismo 2. Psicografia 3. Romance espírita
I. Carvalho, Vera Lúcia Marinzeck de. II. Título.

23-142003                                    CDD-133.93
```

Índices para catálogo sistemático:

1. Romances espíritas psicografados : Espiritismo
   133.93

Eliete Marques da Silva - Bibliotecária - CRB-8/9380

Impresso no Brasil – Printed in Brazil
15-03-23-85.120-82.120

Prezado(a) leitor(a),
Caso encontre neste livro alguma parte que acredita que vai interessar ou mesmo ajudar outras pessoas e decida distribuí-la por meio da internet ou outro meio, nunca deixe de mencionar a fonte, pois assim estará preservando os direitos do autor e, consequentemente, contribuindo para uma ótima divulgação do livro.

PSICOGRAFIA DE

VERA LÚCIA MARINZECK DE CARVALHO

PALCO DAS ENCARNAÇÕES

DO ESPÍRITO ANTÔNIO CARLOS

Dedico este livro a Hercilio Antônio,
Gustavo, Angélica e Vanessa.
A família da médium que é minha pelo coração.

Antônio Carlos

SUMÁRIO

Algumas palavras do autor 9

A família 11

Voltando como negro 21

Partindo novamente 35

No Plano Espiritual 49

Entre encarnados 63

Coronel Cândido 81

Tia Helena 97

O casamento infeliz 117

O terceiro engenho 127

Dez anos se passaram 143

ALGUMAS PALAVRAS DO AUTOR

    Esta história verídica teve início lá pelos anos de 1750, nas fazendas de cana-de-açúcar, nos engenhos do Nordeste brasileiro.

    Para melhor se fazer a leitura, substituo os termos usados daquela época pelos que usamos agora. Como também, nos diálogos com os negros, não escrevo do modo peculiar que falavam, porque tornaria a leitura difícil.

    Escrevo primeiro com o objetivo de elucidar, por meio de um relato interessante, que muitas e muitas vezes revestimos um corpo de carne neste planeta que é um palco de encarnações; isto para que cada vez que aqui viermos possamos aprender, acertar erros e crescer espiritualmente. Mas, infelizmente, há muitos estacionários que preferem continuar nos erros e nos vícios. Faço este romance também para que os leitores se distraiam com uma história cheia de mistérios e fatos curiosos.

    Que este relato possa levá-los a pensar que muitas vezes reencarnamos na Terra, este palco de abençoada escola, e voltaremos ainda muitas vezes, para aprender o caminho do

Palco das encarnações

Bem. Se o fizermos agora, nossas encarnações futuras serão facilitadas pelo benefício de uma boa plantação.
   Que a história dos três engenhos nos sirva de exemplo.
   Rogo a Jesus que abençoe a todos nós!

Antônio Carlos

A FAMÍLIA

    Estávamos nos preparando para as festas do Natal. Como minha mãe Decleciana tinha há pouco tempo ganhado nenê e não estava bem, o encontro familiar ia ser na minha casa. Adorava esses encontros familiares e essas festas. O Natal para mim era um sonho, no qual tia Madalena contava a todos nós a história do nascimento do Menino Jesus. Encantava-me com o modo que Jesus veio ao mundo. Imaginava a manjedoura, os pastores, os reis magos, a estrela e achava incríveis seus pais, José e Maria. Considerava o Natal um acontecimento muito importante pelo nascimento de um grande espírito como Jesus que viera para nos ensinar o que é certo e verdadeiro. Embora não entendesse seus ensinamentos, compreendia bem que Ele dissera que todos somos irmãos. Pensava que, se Jesus não foi rico, foi pobre, talvez fosse quase igual a um dos escravos da fazenda. Um dia até perguntei a minha tia Madalena, quando ela, empolgada, contava a história:

— Jesus era negro ou branco?

— Claro que branco! — respondeu indignada minha tia. — Como poderia ser Jesus Cristo negro?

Palco das encarnações

Não respondi porque temi o modo enérgico pelo qual me deu a resposta. Mas pensei que não iria fazer diferença a cor de sua pele.

Estava distraído na varanda em frente à casa-grande, olhando a enorme fazenda do meu pai, coronel Honório. A plantação de cana-de-açúcar perdia-se de vista. Na fazenda também tínhamos muitos animais. Nos fundos da casa um enorme pomar nos sortia de frutas e, ao lado da fazenda, havia um engenho.

Na frente da casa havia um grande pátio, após, algumas árvores, as pequenas casas dos empregados e depois a senzala. Estava proibido, por ser pequeno ainda, como dizia minha mãe, de ir à morada dos escravos. Mas na minha peraltice fui algumas vezes, escondido. A senzala era uma enorme construção fechada com um grande portão forte e resistente. Dentro dela, as famílias faziam repartições com madeiras e bambus e ali moravam todos juntos. Era malcheirosa e achei muito feia. Na frente da senzala havia um pátio onde destacava-se um tronco grosso, que tinha correntes para amarrar os negros. Era onde eles recebiam os castigos. Havia também outros lugares onde os escravos eram presos por desobedecer. No tronco, onde existiam as correntes, o castigado poderia ficar dias preso ao relento. Também na senzala havia lugares com aparelhos de ferro e correntes que serviam para torturar os pobres negros.

Após alguns metros da senzala, estavam a moenda, as caldeiras e a casa de purgar, orgulho de meu pai. Lugar bonito, lindo realmente. Sempre ia lá com meu pai, que tentava explicar-me o processo, moderno para a época, onde a cana se transformava em açúcar. Gostava daquele lugar, mas não me interessava pelas explicações do meu pai.

A família

    Os negros que serviam a casa-grande eram mais limpos e melhor vestidos que os outros. Eles faziam todo o serviço da casa. Alguns moravam no porão e outros num galpão nos fundos da casa.

    Pensava muito na escravidão. Fato que, apesar de criança, me intrigava. Um dia, indaguei ao meu pai:

— Senhor meu pai, por que os escravos são presos na senzala e vigiados?

— Para não fugirem.

— Por que eles iriam querer fugir? — não entendi.

— Ora, Augusto, quem quer ser escravo?

— Então ser escravo não é bom? Por que os tem? Será que Deus gosta que os tenhamos?

Meu pai pensou um instante e respondeu:

— Se Deus os fez negros foi para serem diferentes. Deve ter lá as razões Dele. Isto não me importa, comprei-os, são meus e devem trabalhar.

— Eles são gente?

— São. Não vê que falam e pensam? — meu pai se sentiu incomodado.

— O senhor não poderia tratá-los melhor?

— São muito bem tratados, melhor do que merecem.

— Não acho certo ter escravos — opinei com um pouco de medo de meu pai. — O senhor e eu poderíamos ter nascido escravos.

— Basta, Augusto! Isto não é conversa para um menino de sua idade. Quando crescer vai entender. Depois, estes negros são safados e nasceram para serem escravos.

Não era bem isto o que eu pensava. Não entendia as razões explicadas. E não achava certo.

Era o mais velho dos filhos, logo ia completar sete anos, mas já me sentia um homenzinho, principalmente porque ainda ressoavam na minha mente as palavras do meu pai ditas na véspera.

— Augusto, você será meu único filho varão. Será meu substituto mais tarde. Irei educá-lo para ser dono e senhor de tudo isto.

— E minhas irmãs? — indaguei pensativo.

— Para elas arrumarei casamentos vantajosos. São muito pequenas. Esmeralda tem quatro anos, Emília está com dois anos e Deolinda ainda é um bebê. Sua mãe não poderá me dar mais filhos. Teve uma infecção neste parto e quase morreu. Mas não me importo, tenho você que é o meu orgulho. É bonito, inteligente e forte. É o varão que todo homem sonha em ter.

Esperava ansioso pelas visitas. Embora morássemos perto e estivéssemos sempre nos vendo, gostava muito quando todos da nossa família se reuniam. Meus parentes moravam em fazendas que faziam divisas e todos se davam muito bem. Meus tios, irmãos de meu pai, viviam com os filhos e encontrar meus primos era uma grande alegria. Somente não estaria presente tia Helena, a irmã caçula de meu pai, que se casou e foi morar longe dali. Meus avós paternos haviam falecido e os maternos moravam longe e quase não nos víamos.

Os escravos da casa-grande estavam sobrecarregados de serviços. Tudo tinha de sair perfeito, o trabalho, com os muitos hóspedes que teríamos, seria triplicado.

— Augusto, você está arrumado? As visitas não tardam a chegar.

Era uma escrava da casa, Nadinha, apelido desta negra bondosa que ajudava mamãe a cuidar de nós. Deu uma olhada em mim vistoriando-me e deu-se por satisfeita.

— Está bem, lindo como sempre. Seus tios logo chegarão.

A família

Gostava de Nadinha, queria-a muito bem. Longe de meus pais eu a abraçava e a beijava, porque isto me era proibido. Ela nos amava, sentia o seu carinho sincero. Por isto não compreendia a escravidão, não gostava que meu pai tivesse escravos. Por mais que meus pais argumentassem, não conseguia entender por que pela cor o ser humano era tachado de diferente. Sabia que no engenho havia castigos, embora nunca tivesse presenciado nenhum, porque minha mãe não deixava.

Também não me era permitido brincar com os negros, com as crianças escravas da fazenda. Bem que gostaria de brincar com eles. Sentia-me sozinho, com falta de companheiros, muitas vezes os olhava de longe e sentia vontade de estar com eles. Reuniam-se sempre no pátio da frente da senzala e nos fundos, onde havia um pomar. Não chegavam perto da casa-grande. Somente os escravos pequenos brincavam, os maiorzinhos já trabalhavam.

Neste instante avistei a carruagem de tia Teodora, que logo estacionou em frente ao pátio da casa. Corri para os abraços e meu pai também foi recebê-los.

Tio Josias, aliás, coronel também, desceu primeiro e deu a mão a tia Teodora, que estava muito enfeitada como sempre. Ela era irmã de meu pai. Eram quatro irmãos, meu pai, coronel Honório, tio Cândido, tia Teodora e tia Helena. A família era unida, eram todos amigos e compartilhavam das mesmas ideias. Tia Teodora me beijou, estava perfumada e muito maquiada. Mas minha alegria foi ver meus primos Floriano, de quem gostava muito, Pedro e Margarida, ainda pequenina.

Foi a conta de entrarem em casa e outra carruagem chegou. Eram tio Cândido e tia Madalena, com os filhos Matias e Belinda. Tinha medo do tio Cândido, abracei-o rápido. Ele era doente, como dizia meu pai, tinha ataques que às vezes o

Palco das encarnações

faziam desmaiar, outras se contorcia pelo chão, babava, gemia e dizia coisas que ninguém entendia. Era nervoso e, como se comentava, os seus escravos eram os que mais sofriam com este fato. Ele era mau com eles.

Foram dias gostosos, nos quais brinquei muito, houve festas e, para nós, crianças, tudo estava perfeito. Meus tios, todos os dias pela manhã, iam a cavalo para suas fazendas certificar-se de que tudo estava certo. À tarde, os homens reuniam-se em conversas de negócios. Todos eram ricos e almejavam mais riqueza. As senhoras conversavam a respeito da casa e sobre as crianças. Minha mãe ficou bastante tempo no quarto, levantou-se pouco do leito, estava abatida e a nenê Deolinda chorava muito.

Foi maravilhoso este período de visitas, tudo deu certo e, no tempo combinado, partiram. Meu pai ficou contente e deu até uma festa para os escravos, na qual tinha carne e muita aguardente. Pela noite toda dançaram e cantaram. Do meu quarto podia vê-los em volta da fogueira e escutava suas canções e o batuque dos tambores. Estavam contentes e dormi pensando que, se eu fosse escravo, também ficaria feliz com a festa.

Senti a partida de meus primos. Os dias ficaram monótonos, sem ter muito o que fazer.

Uma semana se passou. Estava com meu pai no pátio da casa-grande vendo um cavalinho que acabara de nascer. Amava os animais. O cavalinho era lindo. Estava distraído passando a mão no seu pelo macio, quando senti uma picada na minha perna.

— Ai! — gritei.

— Uma cobra, sinhô! Uma cobra! Mate-a!

A família

    Um escravo que estava ali conosco, mais perto de mim e que no momento estava com uma enxada, cortou a cabeça da cobra. Meu pai, distante alguns passos, veio correndo para meu lado.

— Ela picou sinhozinho Augusto! — informou o escravo.

— Meu Deus! — meu pai apavorou-se. — É uma cascavel!

    Meu pai me colocou nos braços do escravo e chupou os dois orifícios bem visíveis na minha perna. Chupava com força e cuspia. Logo em seguida, rasgou sua camisa e amarrou a minha perna, acima do local da picada.

    Doía, mas não muito. Fiquei olhando tudo quieto.

— Você está bem, Augusto? — indagou meu pai, aflito.

— Estou, sim senhor.

Meu pai me pegou.

— Às vezes, sinhô — opinou o escravo —, a peste estava com o veneno fraco, se ela picou alguém antes.

— Vá se certificar disto. Olhe por aí e veja se alguém foi picado.

Meu pai gritou para alguns empregados que estavam perto:

— Parem todos de trabalhar, avisem meus irmãos, os benzedores da região. Quem souber algo que faça sarar o veneno de cobra, que venha aqui de imediato.

    Meu pai gritava sem parar, me apertando com seus braços fortes. Minha mãe levou um susto ao nos ver entrar em casa. Ele me levou para o meu quarto e me colocou na cama. Fizeram-me tomar chás e muita água. Vieram os benzedores. Minha mãe chorava e, pela primeira vez, vi meu pai desesperado e, a todo momento, indagava:

— Augusto, como você está? Sente algo? Quer alguma coisa?

    No começo o nó forte me incomodava, bem como o local da picada que meu pai espremeu com força. Depois fui ficando mole, cansado, comecei a ter dor pelo corpo todo e a ter febre.

— Sinto dores, meu pai, moleza. Não quero nada. Não tenho sede e não quero mais água.

Compressas de panos com água e ervas foram colocadas tanto na minha cabeça como na minha perna.

Comecei a ver embaçado, sentia tudo rodar, as dores eram cada vez piores, mas fiquei quieto. Não queria me queixar por ver a agonia dos meus pais e para não aumentá-las. Logo chegaram meus tios e foi uma choradeira. Comecei a agoniar. Via com dificuldades meus familiares presentes e comecei a ver um vulto, que logo foi tomando forma. Era um senhor de aspecto bondoso e risonho. Gostei dele.

— Augusto — disse ele e senti que somente eu o ouvia. — *Você irá logo comigo, seu corpo irá morrer. Levá-lo-ei para um lindo lugar.*

"Se eu quiser poderei voltar?" — indaguei, mas não mexi os lábios, perguntei em pensamento.

— *Sim, se você quiser poderá voltar.*

Ele ficou ao meu lado. Esforcei-me para abrir os olhos e falei com dificuldade.

— Mãe... pai...

Via muito pouco, mas senti que cada um deles segurava uma das minhas mãos.

— Fale, Augusto, meu filho — pediu com muita tristeza minha mãe.

— Que deseja, Augusto? — meu pai quis saber.

— Vou morrer, mas irei para um lugar lindo. Um anjo me levará. E, se os senhores quiserem, voltarei para ficar perto de todos.

— Augusto delira — comentou tia Madalena.

Minha respiração tornou-se difícil, sofria, sentia-me gelar. Meu coração parou de bater, e também deixei de respirar. Mas não me desesperei com este fato, sentia-me até melhor.

— Augusto morreu! — lamentou tio Josias.

Gritaria e choradeira. Mas fui parando de ouvi-los e passei a ver o senhor bondoso.

— *Augusto* — disse ele —, *chamo-me Ângelo. Dê a sua mão, venha comigo.*

Senti sono e dormi tranquilo.

VOLTANDO COMO NEGRO

Acordei disposto, sadio, nada de dores e cansaço, nada me incomodava. Dei uma bela espreguiçada. Abri os olhos e vi tudo claramente. Para minha surpresa, Ângelo estava ao meu lado.

— *Bom dia, senhor Ângelo!*
— *Bom dia! Como está passando o menino Augusto?*
— *Muito bem! Então morri? Estou no lugar lindo de que me falou?*
— *Seu corpinho morreu e está sim num lugar lindo. Aqui é uma colônia, que se chama Casa da Luz. É uma cidade onde vivem os espíritos, almas boas dos que morrem. Está numa parte para crianças.*
— *Quero conhecê-la. Nunca vi uma cidade, somente fui na vila lá perto do engenho.*
— *Se está bem, levante-se e vamos passear.*

Estava com roupa de dormir, Ângelo me deu uma roupa para vestir. Era uma cópia de uma das muitas que possuía quando encarnado.

Saímos do quarto de mãos dadas. Encantei-me com o que vi. Muitos jardins lindíssimos, com muitas flores, parques com brinquedos que desconhecia. Muitas crianças, negras e brancas.

— *Aqui, Augusto, não há separação de senhores e escravos. Somos todos iguais.*

— *Que bom! Poderei brincar com todos?*

— *Sim, certamente.*

Ângelo me explicou que o lugar em que estava e ia residir chamava-se Educandário, era uma parte da Colônia Casa da Luz. Era separada por um belo jardim. Ali havia crianças, desde nenês até adolescentes. Todos felizes. Havia muitos pátios para jogos, bancos embaixo das árvores. O lugar, além de lindo, era gostoso.

— *Aqui há salas de aula. Lugares de estudo.*

Por alguns dias, em passeios diários, Ângelo me levou para conhecer todos os lugares desta colônia maravilhosa.

— *O céu é lindo mesmo!* — exclamei.

— *O céu que lhe ensinavam não existe, aqui há lugares agradáveis, temporários, onde as pessoas boas vêm para aprender, se fortalecer para depois voltar a um corpo físico, ou seja, reencarnar.*[1]

— *Somente os bons vêm para cá?* — indaguei preocupado.

— *Sim.*

— *Ângelo, é errado ter escravo? Aqui não há.*

— *Todos os homens são iguais perante Deus. Se a escravidão existe, é por permissão Divina. Muitos espíritos revestidos na pele negra ao reencarnarem são escravos e o são por diversos motivos. Muitos espíritos ociosos necessitam sofrer para aprender*

---

[1] N.A,E. Termo já usado no Plano Espiritual e que só mais tarde, por intermédio de Allan Kardec, ficou conhecido dos encarnardos.

Voltando como negro

a ser ativos no trabalho. Como também muitos escolheram ser escravos para ter oportunidade de aprender a ser humildes e crescer espiritualmente. Mas também há os que recebem a escravidão como reações de suas más ações. Porque há muitos abusos dos senhores, donos temporariamente de outros, dos escravos. Por isto têm surgido ódios e muitas obsessões. Maldades gerando maldades.

— *O senhor quer dizer que castigos e maus-tratos são abusos?*

— *Não me chame de senhor, somos amigos de muito tempo. Sim, Augusto, castigos são abusos. Os senhores deveriam tratar bem seus escravos.*

Pensei por alguns momentos.

— *Aqui é lugar para pessoas boas. Tem lugar para os maus?*

— *Sim, tem.*

— *É feio como o inferno?*

— *É um lugar de sofrimento, mas não é eterno, é também temporário. Sofre-se muito lá, tanto ou mais do que fizeram sofrer.*

— *Ângelo, meu pai, minha família não são bons. Tratam mal os escravos, certamente não virão para cá quando o corpo deles morrer.*

Ângelo não respondeu, não precisou. Deduzi.

— *Sou contra a escravidão! Queria acabar com ela! Ou pelo menos tentar suavizar esta subjugação a uma raça* — me comovi.

— *Augusto, muitas e muitas vezes nossos espíritos voltam à Terra e reencarnam. Tornamo-nos um feto, ficamos no ventre de nossa mãe e depois nascemos como outra pessoa. Porém, em espírito continuamos os mesmos. Você já fez isto muitas vezes, eu também. A Terra é como um palco onde, por determinado tempo, cada um representa pelo seu livre-arbítrio um personagem bom ou mau. Somos livres para fazer os atos que queremos, porém, estes atos nos pertencem e por eles teremos a felicidade ou o sofrimento.*

— Aceito tudo que fala como se já soubesse bem estes fatos. Estou recordando?

— Sim. Como Augusto, ia no corpo físico fazer sete anos. Mas, como espírito, é milenar. Foi um estudioso no seu passado recente.

A família toda chorava pela minha morte, ou seja, agora que entendi, minha desencarnação. Meus pais estavam desesperados. Minha mãe me chamava a todo momento. Às vezes, sentia-me tão agoniado que necessitava ser atendido pelos trabalhadores do Educandário e pelo amigo Ângelo.

— Ângelo — lembrei ao meu velho amigo —, *você me disse, quando estava desencarnando, que poderia voltar.*

— *Você quer vê-los? Quer visitar sua família?*

— Sim.

Ele me levou para visitá-los. Não foi nada agradável. Eles estavam revoltados, achando muito injusta minha desencarnação. Meu pai repetia:

— *Tantos negrinhos soltos por aí e a cobra vem picar logo meu filho.*

Como se eu fosse diferente, ou mais gente.

— *Augusto! Augusto!* — chamava mamãe.

Abracei-a mas ela não me sentiu.

Voltei ao Educandário triste e preocupado.

— Ângelo, sinto que devo fazer algo pelos meus pais. Quero ajudá-los. É triste vê-los errando. Quero reencarnar como escravo. Perto deles, filho de uma negra da casa-grande. Amando-me

Voltando como negro

assim, eles me reconhecerão e talvez venham a tratar todos os escravos melhor.

— Não será fácil eles o reconhecerem num corpo de negro.

— O amor deles é grande. Não vê como sofrem? Será que não posso tentar?

— *Seu pedido deve ser estudado pelo Departamento das Reencarnações. Amanhã vou lá com você.*

O Departamento das Reencarnações é um prédio muito bonito. Nunca tinha visto uma construção tão grande. Uma senhora nos recebeu e me escutou.

— *Acha mesmo, Augusto, que voltando como escravo você poderá ajudá-los?* — ela indagou.

— *A senhora não avalia o desespero e o sofrimento deles por terem me perdido. Não é o amor o sentimento que une as criaturas?*

— *O amor puro une de fato, mas não o amor egoísta. Estudaremos seu pedido, venha saber a resposta daqui a dois dias.*

Foi com ansiedade que esperei os dois dias. Queria realmente reencarnar como escravo. Achava que assim poderia fazer algo por eles, que me amavam tanto. Estava até um pouquinho nervoso quando fui saber a resposta. A mesma senhora que nos atendeu anteriormente veio me anunciar a decisão que foi tomada pelo pessoal que estudou o meu caso.

— *Augusto, você teve permissão para reencarnar como negro e escravo na casa do coronel Honório e da sinhá Decleciana. Você é um espírito que por outras existências tem maturidade para esta tarefa. Aviso que não será fácil. Mas poderá tentar. Depois, revestir um corpo carnal de cor negra lhe dará um aprendizado que poderá levá-lo a crescer espiritualmente. Porém, você tem um tempo determinado para esta tarefa. Se seus pais se tornarem mais humanos com os escravos, você ficará reencarnado por mais tempo. Senão, sua volta ao Plano Espiritual será breve.*

— *Agradeço por este favor.*

Pensava que realmente o amor os faria me reconhecer. Choravam e sofriam tanto por mim.

Ângelo trabalhava muito no Plano Espiritual, mas prometeu estar comigo sempre que possível, e tudo fazer para me ajudar.

Na fazenda do meu pai, os negros se ajuntavam ou se acasalavam, como diziam os brancos. Mas sempre havia mais mulheres, porque a morte dos homens era mais frequente. No engenho tinha um negro reprodutor, escolhido por ser forte, sadio e alto. Este fecundava as negras, que na idade de acasalar não tinham pretendentes. Às vezes, acontecia também que mesmo as que tinham companheiros eram obrigadas a ter filhos do reprodutor para que meu pai tivesse escravos fortes.

Preparei-me e após alguns meses estava apto para deixar o personagem Augusto, sinhozinho, para ser um negro escravo. Naná era uma negrinha que servia a casa-grande e ia engravidar do reprodutor. Escolhi-a para ser minha futura mãe.

Dentro do período certo, renasci e ganhei o nome de Augusto, igual ao do menino que sinhá Decleciana havia perdido. Mas sinhá não gostou e proibiu de me chamarem de Augusto, assim passei a ser o Gusto.

Cresci forte, sadio, obediente, era inteligente, aprendia fácil tudo o que me ensinavam. Era um negro bonito. Morava com minha mãe no galpão nos fundos da casa-grande, que era bem melhor que a senzala. Minha mãe não se ajuntou com ninguém, mas teve mais três filhos com o reprodutor. Naná era obediente, trabalhadeira, meiga, nunca ouvi dela uma reclamação. Mas um dia a ouvi dizer a uma amiga:

— Não queria ter filhos. Por isto não arrumei um companheiro. Fui obrigada a tê-los para serem escravos. Amo-os muito e não queria para eles esta triste sorte.

Eu não achava ruim ser escravo. Brincava no pátio, mas minha distração era olhar a casa-grande e seus donos. Achava-os bonitos. A sinhá Decleciana ia sempre ao cemitério levar flores para o filho falecido, e chorava sua morte. Diziam que o coronel nunca mais fora alegre. Tinha muita pena deles e achava que sofriam muito.

Cuidava sempre dos meus irmãos menores, dois meninos e uma menina, Dito, Chico e Mariazinha. Gostava muito deles. Dito era mais revoltado, Chico e Mariazinha eram bons, como minha mãe.

Com sete anos, já fazia alguns serviços na casa-grande. Estava sempre perguntando à minha mãe sobre eles, os senhores, o que conversavam, o que ocorria na casa-grande, onde ela era arrumadeira.

— Não sei por que você gosta tanto dos senhores — ela me repreendia —, isto não é bom. Você se interessa demais por eles.

— Gosto deles sim. Tenho pena da sinhá Decleciana, que chora a morte de seu filho.

— Perder um filho é uma dor muito grande. Mas tantos negrinhos morrem aqui até por falta de alimento.

Aos doze anos era alto e forte, um mocinho. Meu serviço era buscar água e lenha para a casa-grande. Mas não perdia o costume de olhar os senhores. Tinha muito dó de sinhá Decleciana, gostava de olhar para ela. Sinhá Decleciana sentiu-se incomodada com meus olhares e repeliu-me.

Isto porque ela temia ser como a cunhada Teodora. Eram muitos os cochichos pelo engenho que sinhá Teodora gostava de negros e os tinha como amantes. Conhecia toda a família dos meus senhores, eles vinham sempre à fazenda, eram recebidos com festas e nossos trabalhos eram dobrados. Coronel Josias, marido de sinhá Teodora, viajava muito e ela sempre o traía com os negros altos, fortes e bonitos de sua fazenda. Para sinhá Decleciana, eu, um moleque negro, a atraía, não sabia bem o porquê, sentia que eu era diferente, educado para um escravo e muito bonito. Não gostava nem de pensar nisso, era um negro e pronto. Evitava até de me ver.

Um dia, fui ajudar sinhá Emília a descer do cavalo. Gostava dela, era linda e de pele bastante branca. Um carinho especial me ligava a eles. Sentia-a como irmã. Encantado por estar tão perto dela, passei a mão no seu braço. Ela me olhou feio. Contou para sua mãe e esta ao coronel, que mandou me castigar com quinze chicotadas.

Nem sabia o porquê do castigo, quando fui chamado pelo feitor para ir ao tronco. Era um bom escravo, tudo o que me mandavam fazer, fazia bem-feito. O feitor me explicou.

— Gusto, vou levá-lo ao tronco para o castigo. E você não irá mais servir a casa-grande. Irá para a senzala e trabalhará na lavoura.

— Por quê?

— Você ousou passar a mão no braço de sinhazinha Emília.

— Foi sem querer, fui ajudá-la. Ela que mandou.

— Você precisa entender que negro é diferente. Também não achei justo o castigo. Será que branco não pode ser tocado por um negro?

Temi o castigo, meu coração bateu forte. Sabia que muitos escravos haviam morrido no tronco. E que quinze chicotadas iam me machucar muito. Mas fui sem falar nada. Também não ia adiantar falar, gritar ou reclamar. Como era um castigo simples

Voltando como negro

ia ser aplicado no momento, ou seja, era de manhã e o castigo seria naquela hora em que a ordem fora dada. Não seria assistido pelos outros escravos. Mas o pessoal que servia a casa-grande ficou sabendo. Pensei que mamãe Naná ia sofrer junto. Mas não pôde nem ir me ver. Não deixaram.

Amarrado ao tronco, recebi as chicotadas. Doeram muito. Meu corpo estremecia a cada vez que o chicote encostava nas carnes das minhas costas, fazendo-me sangrar. Mas a dor moral era maior. A injustiça do castigo imerecido me magoava. Depois, sem saber bem o porquê, sentia-me desprezado pelos que amava, pelos antigos afetos. Ali no tronco, senti como se uma esperança acabasse, como algo que tivesse de fazer e não estava conseguindo. Mas não me revoltei, mesmo não sabendo por que, pedi mentalmente a Deus: "Pai de todos nós, me dê mais uma oportunidade."

As chicotadas acabaram, e fui levado para a senzala. Conhecia aquele lugar, mas naquele momento me pareceu diferente, mais triste, agora seria ali meu lar. Era bem pior que o galpão que morava.

— Cuido de você! — afirmou uma escrava, a Preta-Velha, que me deitou numa esteira e com água e ervas lavou minhas costas. — Dói muito? — ela indagou carinhosamente.

— Sim, dói.

— Mas você não geme.

Lágrimas escorreram então pelo meu rosto. Lágrimas quentes. A Preta-Velha não entendeu que eu sofria mais na alma.

— Sua mãe não poderá vê-lo aqui. Mas vou dar notícias suas a ela.

— Diga-lhe que estou bem, que as chicotadas nem doeram tanto — pedi à Preta-Velha.

— Falarei. Mas você poderá vê-la. Sempre se dá um jeito. Agora sua vida mudou. Aconselho-o a ficar quieto no seu canto e não arrumar mais confusão.

De fato, ela saiu e logo retornou e me contou que tinha avisado minha mãe.

— Sua mãe mandou lhe dizer para você continuar sendo bom e ter calma para cuidar direito dos seus ferimentos.

— Agradeço-lhe, Preta-Velha.

Quando todos chegaram do trabalho, à tardinha, foi uma curiosidade. Preta-Velha foi quem deu as explicações. Ela era idosa, bondosa, e cuidava de todos na senzala. Tinha muitos anos, não trabalhava, enxergava pouco, e ficava na senzala o dia todo. Durante o dia a senzala ficava aberta, era trancada à noite. Os velhos e as crianças podiam transitar por ali durante o dia. Foram muitos os comentários depois de ouvir a Preta-Velha.

— Que injustiça! Não poder passar a mão na sinhazinha. Tirou pedaço? Tornou-a negra?

— Castigo injusto, como sempre!

— Também você não entendeu que é negro? E que escravo não pode se aproximar dos brancos?

Somente respondia quando me indagavam diretamente. Quando todos se aquietaram, Preta-Velha levou minha esteira, a que estava deitado, para um dos cantos e informou:

— Aqui é o lugar dos moços sem companheiras.

A vida na senzala era muito triste. Cansados e suados meus companheiros não cheiravam bem. As fossas ficavam dentro da senzala, o odor geral era ruim. Mas logo me acostumei.

Depois de dois dias passei a carpir a lavoura. Entendi logo o conselho de Preta-Velha. A senzala era uma bagunça, havia desavenças lá dentro, os líderes organizavam orgias e brigas. Mas havia muitas pessoas boas e pacientes que procuravam sempre manter a paz e a concórdia. Ali se faziam muitos trabalhos de feitiços.

Havia na senzala dois grupos, o primeiro fazia trabalhos para o mal, para os senhores e para outros negros. O outro grupo tentava neutralizar estes trabalhos e aconselhava calma e paciência. Nesse segundo grupo, havia Lourenço, negro bom, simpático, que logo que me viu disse:

— Gusto, vejo com você um espírito bom com roupa branca. Se quiser, venha trabalhar conosco.

— Prefiro somente olhar — respondi.

Ficava mais no meu canto. No trabalho, cansava-me muito. A alimentação também era diferente, bem pior do que a que estava acostumado a comer no galpão.

Muitos comentários se faziam na senzala.

— Queria ser o reprodutor. Ele que tem sorte!

— Queria ser branco e senhor.

— Queria ser um dos amantes da sinhá Teodora.

Cada comentário, uma gozação.

— Você é feio para isto!

— Cresça e apareça!

Às vezes ficava por isto mesmo. Às vezes saíam brigas. Preta-Velha e Lourenço estavam sempre separando os briguentos e aconselhando, tentando manter a paz dentro da senzala. Percebi logo que um negro tinha mais inveja de um outro companheiro do que dos próprios senhores. Dependendo de quem recebesse o castigo, muitos achavam que foi certo, chegavam até a fazer intrigas um do outro para os feitores.

Foi com tristeza que aprendi a viver na senzala. Logo procurei pela afinidade um grupo para ter amizade. Não tive nenhum amigo realmente, gostava de conversar com Preta-Velha, Lourenço e com dois escravos da minha idade.

Palco das encarnações

    Sempre mamãe dava um jeitinho de ir onde eu estava carpindo para conversar comigo. Ela nunca se queixava. Mamãe Naná era uma pessoa triste, muito graciosa, pequena, magra, com grandes olhos pretos e cabelos anelados até os ombros. Ela preocupava-se muito comigo. Meus irmãos logo passaram a trabalhar na casa-grande. E, por ela, sempre sabia notícias dos senhores.

    — Depois de tudo o que lhe aconteceu, você ainda se interessa por eles. Não entendo!

    — Também não sei por que me interesso por eles. Gosto de saber deles, que fazem, se sofrem. É algo que não sei explicar. Sinto que tenho de ajudá-los, mas não sei como.

    — Você ajudá-los! É até engraçado! Mas lhe dou notícias. A sinhá Helena, a irmã caçula do coronel Honório, morreu. Ontem, eles receberam uma carta dando a notícia. Agora, meu filho, tenho de ir. Deus lhe abençoe!

    Gostava demais de ver minha mãe, amava-a.

    As duas filhas mais velhas do coronel Honório casaram, para os escravos teve boa festa. Gostava porque se comia melhor. Mas os bêbados aprontavam na senzala.

    Os escravos faziam muitos trabalhos de despachos nas matas, no rio e na cachoeira. Os feitores permitiam que alguns negros saíssem à noite da senzala para este fim. Mas a maioria dos trabalhos eram feitos pelos que moravam fora da senzala. Estes vinham até o portão da senzala pegar encomendas e orientação para o que deveria ser feito. Estes trabalhos que faziam eram uma mistura de crenças e cultos que, vim a saber depois, eram desenvolvidos pelo próprio pessoal da fazenda, tendo como raízes os conhecimentos que vieram com os negros africanos. Podem ser comparados alguns destes trabalhos com os que fazem atualmente o Candomblé e a Umbanda.

Era permitido pelos senhores porque estes não acreditavam, achavam tudo uma ignorância e um passatempo dos escravos.

Muitas vezes tinham incorporações. O grupo dos que se afinavam com os irmãos ignorantes era mais violento. Pregava a vingança e o ódio. Alguns eram ex-escravos do engenho.

As incorporações do segundo grupo eram de espíritos que sempre estavam ajudando a todos, benziam até os componentes do primeiro grupo. Aconselhavam e pediam para que nos conformássemos, pois o tempo que se passa num corpo é rápido.

— *Tudo passa* — ensinavam eles —, *o sofrimento deve nos levar a Deus, devemos orar e confiar. O Pai sabe o que faz. Por isto não se revoltem.*

Os dois grupos não brigavam. Respeitavam-se. Gostava de ouvir os conselhos do segundo grupo. Sentia, às vezes, um espírito perto de mim. Ângelo nunca me abandonou.

Três anos se passaram, estava com quinze anos, alto, forte e sadio, bom trabalhador, nunca nenhum capataz ou feitor me chamou a atenção. Conversava pouco e não respondia às provocações. Nunca briguei. Assim, era simpático com todos e com o tempo gostei deles como irmãos.

PARTINDO NOVAMENTE

Muitos fatos interessantes ocorriam na senzala. Trabalhando perto de Dito, logo sua tristeza me chamou a atenção. Ele era magro, pequeno, calado e bom. Trabalhava direito, dormia na parte dos homens sem companheiras, perto de mim. Dormíamos em esteiras no chão, um ao lado do outro por não ter espaço. Notei que, muitas vezes, Dito olhava disfarçadamente para Zita, mulher de José, escravo forte, briguento que pertencia ao primeiro grupo. José não tratava bem Zita.

Na senzala, como já disse, havia muitas brigas principalmente entre os cônjuges. E José batia muito em Zita. Sempre havia os que apartavam estes desentendimentos. Percebi que Dito sofria quando via os dois juntos ou quando ele a maltratava.

Zita estava grávida do seu terceiro filho. Um dia José teve uma briga com Zita e bateu nela. Zita entrou precocemente em trabalho de parto. Preta-Velha, ajudada por outras mulheres, era quem fazia os partos. Foram ajudar Zita, mas esta faleceu. Nasceu um menino que passava bem. José pediu a uma outra escrava que há dias tinha tido uma filha para criar o garoto para ele. Ela aceitou e assim o fez. Para o capataz foi falado que Zita morreu por complicações do parto. Ninguém contou que José a espancou. Naquele dia, José foi dispensado do trabalho para que pudesse enterrar a esposa. Os escravos não se casavam, se ajuntavam, denominavam-se entre si de homem e mulher. Não longe da senzala, havia um lugar onde se enterravam os escravos. José sentiu a morte de Zita, se esforçou para não chorar quando viu sua companheira morta; do seu modo bruto, ele a amava.

Não querendo ser inconveniente, observava Dito discretamente e por muitas vezes o vi chorando escondido. Acabei por perguntar:

— Dito, o que houve? Somos amigos! Não quer me falar o que lhe aborrece tanto? É a morte de Zita?

— Se você estivesse mais tempo na senzala iria saber que eu e Zita namorávamos desde criança. Quando mocinhos passamos a nos amar. Mas José a quis, estuprou-a e tornou-a sua mulher. Aconselhado por ela mesma a ficar quieto, porque seria morto por José se ousasse enfrentá-lo, separamo-nos. Sempre a amei e a amo. Sofria com ela os maus-tratos a que José a submetia. Agora sei que está livre disto tudo, da escravidão e dele, mas não vou mais vê-la. Ela morreu de modo muito triste.

Continuamos nosso trabalho, fiquei quieto por não saber o que dizer a ele. Pensei: "todas as mortes são tristes e deixam infelizes os que ficam".

Nunca trabalhei na moenda ou na caldeira, meu serviço era na lavoura; cortava cana, feixava e a colocava nos carros de boi ou carroças e carpia muito, ora o pomar, ora a estrada, ora a própria lavoura.

Três dias depois da morte de Zita, como sempre acontecia, ela foi evocada pelos dois grupos juntos. A primeira coisa que se falava nestas ocasiões para o evocado era que seu corpo havia morrido. Zita chorou ao saber, estava numa modorra e disse

Partindo novamente

que preferia ficar sozinha, não ficaria em nenhum dos grupos. Mas, se tivesse de escolher, preferia o grupo dos bons. Não queria vingança, somente ajudar os filhinhos. A decisão do espírito era respeitada. José não gostou, mas agora ele não podia mais subjugá-la.

Dito continuou triste, definhava e dizia ser por amor.

Outro fato triste era o de Isabel e Bastião. Diziam que os dois se amavam e que um feitor do engenho a quis, tirou-a da senzala e morou com ela por alguns anos, tiveram três filhos mulatos. Quando ele cansou dela, levou-a de volta para a senzala com os filhos. Ele não se importava nem um pouco com os filhos, que eram tratados como as outras crianças da senzala. Como Bastião a amava, ficaram juntos, entendiam-se bem e tiveram mais dois filhos. O feitor que tinha estuprado Isabel sempre o provocava, ofendia-o rindo:

— Como é, Bastião, gosta da minha sobra?

Dizia coisas inconvenientes e ofensivas. Bastião não respondia porque sabia que se o fizesse iria para o tronco. Uma vez eu estava perto dele e escutei o feitor ofendê-lo. Bastião até mordeu os lábios, que sangraram, para não responder. Quando o feitor saiu de perto, eu elogiei:

— Bastião, você é corajoso!

— Não me acha covarde por não responder?

— É isto que ele quer. Iria castigá-lo. Ele não merece sua resposta. Acho-o corajoso por receber as ofensas e não responder. É assim que se procede.

— Um dia ele me pagará!

— Faça como Lourenço aconselha, esqueça. Acho mesmo que para tudo isto há motivos. Você não precisa fazer ele pagar, as leis de Deus farão isto.

— Calem a boca e trabalhem!

Com a ordem de outro feitor, calamo-nos e continuamos nosso trabalho.

Tonho Sonhador, ou só Sonso, era bem digno do seu apelido. Solteiro, novo ainda, era sonhador, dava-se bem com todos. Repetia sempre:

— Vou fugir! Ah, se vou!

Conselhos eram dados. Lourenço se preocupava e estava sempre lhe aconselhando:

— Sonso, não fuja, sabe que é impossível, ninguém conseguiu fugir deste engenho.

— Mas eu vou! Tenho tudo planejado direitinho.

E um dia, ao contarem os escravos que voltavam do trabalho, faltava um. Foi recontado, realmente faltava um e logo descobriram ser o Sonso. Ninguém o viu. O feitor ameaçou. Mas realmente não foi visto por ninguém. A senzala ficou apreensiva. Sabia que logo haveria uma morte, a do Sonso.

Chegou a noite e nada de eles acharem o Sonso, no outro dia também não. Como os feitores não o acharam, o coronel Honório contratou um capitão do mato e seu bando da cidade para ir atrás dele.

Depois de cinco dias o acharam, não longe do engenho. Amarraram-no no tronco e o ameaçaram com ferro quente para que contasse como fugiu e onde se escondeu. Sonso falou o que aconteceu:

— Subi na árvore assombrada e lá fiquei escondido. Achando que não iam mais me achar, desci e fui para o mato.

A ordem foi dada pelo coronel Honório.

— Que morra a chibatada!

Estes castigos eram vistos por todos na fazenda. Fiquei assistindo porque era obrigado. A cada estalo e a cada gemido

Partindo novamente

sentia-me doer por dentro. Quando o castigo acabou, Sonso era uma massa de sangue. Um dos feitores o soltou e deu a ordem.

— Três de vocês o enterrem!

Seus pais e irmãos choravam.

Mas tanto Lourenço como um do grupo dos maus, que gostavam de ser chamados assim, pegaram um pouco de sangue dele e guardaram.

Três dias depois, à noite, o evocaram. Colocaram o sangue dele no centro da roda.[1] Sonso veio e incorporou, ainda sentia dores.

— É trabalho para vocês! — disse um escravo que estava incorporado e pertencia ao primeiro grupo.

— Agora você, Sonso, nos escutará — pediu um dos maus. — Você foi injustiçado. Fugir era seu direito. Não merecia este castigo. Deve ser homem e se vingar. Todos que nos oprimem devem sofrer, os feitores, os coronéis, os capitães do mato, todos devem pagar. Vingança! Você deve ficar conosco e se vingar.

Como era feito nestes casos, o espírito ouvia ambos os grupos. Aí foi a vez de o guia incorporado de Lourenço opinar.

— Sonso, todos o aconselharam a não fugir, porque sabíamos que não iria conseguir. Você até que teve uma boa ideia, mas vingança não faz bem a ninguém. Se você puder recordar seu passado, entenderá que sua morte foi resultado da sua vivência anterior. Perdoar faz bem a nós mesmos.

Sonso pensou um pouquinho, estava incorporado na Preta--Velha, que sempre servia para este intercâmbio.

---

[1] N.A.E. Normalmente se usava algo do evocado para mentalizá-lo. Neste caso, foi o sangue, em outros, eram roupas ou objetos pessoais. Nos dias atuais, em certas seitas, usa-se ainda esse processo.

Palco das encarnações

— Não quero ficar aqui, com nenhum dos grupos. Quero ir embora. Se é necessário perdoar, perdoo, mas quero ir embora.

— Você será levado para um bom lugar. Eu vou levá-lo — afirmou o espírito incorporado em Lourenço.

Saíram os dois, o espírito bom e Sonso. O espírito mau que estava incorporado cuspiu de lado e comentou:

— Sonso é mole. Perdoar depois de ter sido morto a chicotadas. Se todos se unissem por aqui, a vingança seria fatal. Nós nos vingaremos pelo Sonso também, eles não perdem por esperar. Sonso foi sempre fraco e sonhador, nós não, somos fortes e nos vingaremos, nesta vida, em outra, de qualquer forma nos vingaremos.

Perguntei à Preta-Velha logo que todos os espíritos se afastaram:

— Vocês evocam todos os que morrem?

— As crianças não, elas são levadas pelos bons para um lugar próprio e agradável. Mas, se notamos alguma criança que morreu por aqui, a evocamos. Alguns, é raro, evocamos e não vêm. Neste caso, ou os bons já os levaram, ou já estão com os maus.

— E os brancos? Também são evocados?

— Resolvemos deixar os brancos se virarem. Eles não acreditam que os mortos do corpo falam conosco, os vivos no corpo carnal. Mas, se existe motivo especial, podemos fazê-lo. Por exemplo, se for um branco bom, podemos orientá-lo, porque aos bons sempre se devem favores. Se for muito mau, aí o deixamos com o primeiro grupo e nós do segundo não interferimos. É mostrado ao evocado que seu poder acabou, que o corpo que o fazia importante morreu e que agora está nas mãos dos seus carrascos.

Partindo novamente

A reunião acabou, todos foram dormir. Orava, porém, não sabia as orações que para mim naquele momento eram importantes, as decoradas dos brancos. Mas, do fundo do meu coração, pedi ao Pai Maior pelo Sonso. Minha resignação, meu pedido sincero, vim a saber depois, foi a verdadeira oração.

Dois feitores me chamaram atenção neste tempo que vivi na senzala. Um era bom, todos na senzala gostavam dele. Não castigava ninguém, era compreensivo e até mentia para evitar castigo. O outro era mau, cínico, arrogante, era detestado. Muitos trabalhos dos maus foram feitos para ele, neste caso, nem Lourenço interferiu.

Via pouco meus irmãos, mas mamãe Naná estava sempre comigo e foi ela quem me deu a notícia:

— Sinhazinha Deolinda, a caçula do coronel, está prometida em casamento a um moço de família amiga. Ela está chorando muito porque não quer casar com o prometido. Ela está apaixonada por outro, um moço pobre.

— Coitada!

— Os senhores também têm problemas — contou mamãe —, o sinhô e a sinhá choram até hoje pelo filho morto por uma picada de cobra.

Sinhazinha Deolinda era muito amiga de uma negrinha, Maria, que era sua camareira, ou serva particular.

Maria ia muito à senzala para fazer trabalho de despacho no rio e na mata para os que estavam presos. Ela era apaixonada por Tião, um escravo que cuidava dos animais, dos cavalos que serviam os senhores. Tião anteriormente era namorado de outra escrava. Por causa de um trabalho que Maria fez, Tião terminou o namoro e passou a namorá-la. Tião acabou apaixonado.

Palco das encarnações

Mamãe me contou que Maria falava destes rituais para a sinhazinha Deolinda, que acreditava e até pediu para fazer um trabalho ou feitiço para ela terminar o namoro indesejável.

Maria por muitas vezes foi à noite conversar com o pessoal dos dois grupos para que a ensinassem a fazer um despacho que fizesse a Sinhazinha terminar o namoro.

Um dia a senzala acordou num cochicho.

— Mataram Maria e Tião se enforcou!

Todos na senzala se entristeceram, primeiro porque Maria era amiga de todos. Segundo por ter acontecido uma tragédia. Mas a notícia veio com detalhes.

Maria foi pega com um vestido da sinhá Deolinda, na mata, pelos feitores. Estes julgaram que ela estava fazendo um trabalho de maldade para a sinhá ou que roubara o vestido. Maria foi violentamente estuprada por todos eles, que a machucaram muito. Ela, por estes ferimentos e por hemorragia, veio a falecer. Tião ao saber ficou desesperado e com uma corda que prendeu num galho de uma árvore, uma paineira, perto da senzala, se enforcou.

Por muitos dias, comentaram este fato e todos os escravos sentiram. Quando pude conversar com minha mãe é que fiquei sabendo toda a verdade.

— Gusto, nós da casa-grande ficamos sabendo do ocorrido na manhã seguinte. O que aconteceu, de fato, foi que sinhazinha Deolinda pediu a Maria para que ela fizesse um trabalho para que terminasse o namoro indesejável. E Maria estava com o vestido que a Sinhazinha usou na última vez que viu o namorado. E foi ela mesma quem deu o vestido a Maria. Quando sinhazinha Deolinda soube do ocorrido e da morte de Maria chorou muito. Mas não disse nada com medo dos pais. Depois, a tragédia já tinha acontecido e Nadinha a aconselhou a ficar quieta.

Tanto o primeiro grupo como o segundo concordaram num fato, os dois recém-desencarnados revoltados iam sofrer muito. Lourenço concluiu:

— Tião se precipitou, não deveria ter se matado. Quem se suicida sofre muito.

— Nem o diabo quer quem se suicida — comentou um membro do primeiro grupo.

— Por quê? — indagou uma escrava que prestava atenção.

— O sujeito sofre tanto e às vezes fica tão perturbado que nem os espíritos maus o querem por perto. Quem quer um louco que não serve para nada? Porque espíritos maus ajudam a outros maus. Já os bons ajudam a todos. Lourenço, me responda — perguntou ele, virando para meu amigo —, seus companheiros bons poderão ajudar Tião?

Lourenço pensou um pouquinho e respondeu calmamente:

— Você tem razão em dizer que os suicidas sofrem muito. Os bons não poderão ajudá-lo tão cedo. Ele terá de se arrepender, pedir perdão e perdoar. Mas isto deve ser sincero. Tião, pelo seu ato impensado, sofrerá bastante.

— Todos os que se suicidam sofrem? — quis saber.

— Todos, mas não igualmente, depende muito do seu estado no momento, da causa e do seu arrependimento sincero. Aqueles que premeditam este ato normalmente sofrem mais.

— É errado desejar morrer? — Elias indagou a Lourenço.

— Sim, é errado. Devemos procurar viver bem em qualquer situação que estivermos. Muitas vezes as dificuldades do momento nos levam a desejar a morte. Devemos lutar contra este desejo. O Pai Maior sabe por que sofremos. Os que não aceitam as dificuldades daqui dificilmente as aceitarão do lado de lá. O importante é amar a vida, resolver os problemas que pudermos, e aceitar as dificuldades que não podemos modificar.

Palco das encarnações

— Mas ser escravo não é fácil. Morrendo torna-se livre — opinou uma escrava.

— Nem todos, minha filha — respondeu Lourenço. — Há muitos escravos do lado de lá. Quem foi escravo revoltado quase sempre não fica bem do lado de lá. Você não vê que a maioria dos espíritos que aqui vêm são de ex-escravos? E os que querem se vingar são presos da vingança. Quem está preso a alguma coisa não é livre. Você também não vê que os que foram maus aqui se tornaram escravos dos que não perdoaram? Agora vamos nos reunir e orar pelos dois.

Muitos do primeiro grupo ficaram para orar. Também orei. Gostava quando se reuniam para orar. Lourenço fez uma bonita oração em voz alta e todos em silêncio acompanharam. Depois fomos dormir.

Dias após o acontecido, outro falatório, Maria e Tião estavam aparecendo na fazenda. E foram muitos a vê-los. Ora Tião aparecia com o corpo balançando na árvore, ora os dois apareciam de mãos dadas andando pelo engenho.

Lourenço evocou o espírito de Maria, que estava muito revoltada, com ódio e não queria deixar Tião, que enlouquecera. Afirmou que iria se vingar dos feitores. Oramos pelos dois. O primeiro grupo achou certo Maria vingar-se e até lhe deu algumas dicas. Os espíritos que com eles trabalhavam prometeram ajudá-los.

Os feitores não comentavam o fato, mas sentíamos que eles tinham medo e evitavam a árvore, que, com isso, passou a ser local de encontros entre os negros da casa-grande e os da senzala. Foi nesta árvore que Sonso se escondeu.

Na senzala, no verão, o calor era terrível, sufocava-se lá dentro. No inverno até ficava gostoso. O trabalho era muito e a comida sempre a mesma. O que melhor tínhamos eram as

Partindo novamente

frutas do pomar atrás da senzala, que as crianças apanhavam para nós. O período que vivi na senzala foi de grande aprendizado para mim. Talvez foram os três anos em que mais adquiri experiência nas minhas existências na Terra, este palco onde estamos sempre representando um personagem, como dizia Ângelo.

Encontrei com mamãe novamente. Depois de dar notícias de meus irmãos e de amigos, contou-me, pois sabia que me interessava:

— Sinhazinha Deolinda está desesperada, chora muito e não quer o noivo imposto.

— A senhora acha que ela acabará casando?

— Quem vai contra uma ordem do coronel?

Fiquei com pena dela. Ela era tão linda!

Dias depois fiquei contente quando o feitor me deu a ordem:

— Gusto, você vai carpir a estrada. Faça um bom trabalho!

Sempre carpia direitinho, mas fiquei contente porque dali podia observar a casa-grande e seus moradores. Gostava muito de ver sinhá Decleciana. Dali onde eu trabalhava podia avistar as visitas, mamãe e meus irmãos que já estavam crescidos.

Era uma tarde quente, o sol estava forte. Sinhazinha Deolinda e o noivo saíram para passear a cavalo, pararam na estrada, perto de algumas árvores, e ficaram conversando. Estando perto, aproximei-me mais e fiquei a escutá-los. Começaram a discutir, sinhazinha Deolinda resolveu falar ao noivo tudo o que se passava. Escutei-a dizendo quase aos gritos:

— Não gosto de você! Não quero me casar! Amo outro, não você! Estou noiva obrigada! Isto não lhe fere o orgulho?

— Quem é o outro? — indagou o noivo furioso.

— Não falo.

— Você tem de me querer! Vai ser minha e agora!

O moço apertou os braços dela com força. Sinhazinha Deolinda tentou se soltar. Ele a beijou à força. Empurrou-a e a fez deitar. Saí do meu esconderijo e fui ajudar a sinhazinha. Avancei sobre o noivo imprudente. Tirei-o de cima dela.

— Negro insolente! Como ousa interferir? — gritou ele exaltado...

Fiquei na frente da sinhazinha, que se levantou assustada.

— Defenda-me, escravo! — pediu ela aflita.

— Saia da frente ou morre! — ordenou o moço tirando da cintura um punhal.

Não saí, fiquei parado. Ia defender a sinhazinha. O moço não hesitou e me apunhalou na barriga. Caí. Senti uma dor horrível, o punhal ficou no meu abdome e o sangue correu em abundância. Sinhazinha Deolinda começou a gritar desesperada. Logo os empregados e escravos da casa-grande vieram correndo e o moço montou no seu cavalo e partiu em disparada.

Um escravo tirou o punhal da minha barriga e com sua camisa estancou a ferida. Sinhazinha Deolinda não saía do lugar, chorava e gritava. Sinhá Decleciana também veio correndo.

— O que houve, filha? O que aconteceu? — indagou preocupada.

Senti alegria ao vê-la. Amava aquela senhora e não sabia o porquê; sentia que fora amado por ela. Sinhazinha respondeu ainda chorando:

— Meu noivo tentou me matar. Se não fosse este escravo, ele ia me ferir com um punhal.

— Acalme-se, meu bem! Tudo já passou. Vamos para casa.

Eu as olhava. Sentia muita dor, mas fiquei quieto, nem gemi, continuei deitado no lugar que caí. Sinhá Decleciana me olhou e deu ordem para os outros escravos que tinham se juntado:

— Levem este negro para que possa morrer na sombra!

Partindo novamente

Abraçou a filha e as duas rumaram para a casa-grande. Com cuidado quatro escravos me carregaram, me colocando no pátio, e, como disse a sinhá, embaixo de uma árvore. Avisaram mamãe Naná, que veio correndo, e também foram buscar Preta-Velha para tentar me ajudar.

Mamãe Naná chegou perto de mim chorando.

— Meu filho!

Murmurei com dificuldade:

— Mamãe... Naná... devo-lhe... muito. Obrigado por... me amar. Não fique triste... Não chore... por mim, não sofra mais.

— Sei, filho, que, sendo bom como é, irá para um lugar bonito no céu. Viverá melhor lá.

— Se eu... puder, de lá... ajudarei vocês. Abençoe-me!

— Que Deus o abençoe!

Perdia muito sangue. Preta-Velha chegou correndo. Tirou a camisa que me estancava o sangue, olhou séria para o meu ferimento.

— Vou ajudá-lo, filho!

As palavras de sinhá Decleciana me feriam e ainda ressoavam na minha mente. "Levem este negro para que possa morrer na sombra!" Estas palavras eram mais profundas e dolorosas que a punhalada. Senti que era chegada a hora de partir. Por estar me desprendendo da matéria, vi Ângelo, o espírito branco que Lourenço e Preta-Velha tanto falavam que estava sempre comigo.

"Agora é a hora?" — indaguei em pensamento.

"Você tentou! Sim, é a hora! Confie, estarei com você!"

Ainda tive forças para olhar para mamãe Naná que chorava de mansinho e dizer:

— Adeus... eu a amo muito!

Palco das encarnações

Olhei para a casa-grande que tanto amei e senti-me rejeitado. Não, não iria lutar pela vida. Veio-me à memória minha outra desencarnação, a de Augusto, o sinhozinho.

— Não me reconheceram... — lamentei com dificuldade.

Os que me rodeavam não entenderam. Desencarnei. Dormi tranquilo com ajuda de Ângelo e de outros espíritos do grupo dos bons.

No outro dia, senti sinhá Decleciana ir chorar no meu túmulo, do sinhozinho Augusto, levando flores.

NO PLANO ESPIRITUAL

Foi muito prazeroso acordar no Plano Espiritual. Não senti dor nenhuma e meu ferimento havia sarado tão bem que nem cicatriz tinha. Um enfermeiro me explicou com muita delicadeza:

— *Augusto, seu corpo carnal foi ferido e pelo ferimento veio a falecer. Agora é um espírito revestido de outro corpo, o perispírito. Somente seu corpo carnal foi ferido.*[1]

Logo recebi a visita do meu amigo Ângelo. Ao vê-lo, percebi nele uma pessoa muito querida a quem muito devia. Abracei-o carinhosamente. Ele foi logo me dando explicações.

— *Augusto, você está na Colônia Casa da Luz, na parte para adolescentes.*

---

1 N.A.E. Quando uma pessoa desencarna e tem o merecimento de ser socorrida em seguida, logo sara da doença que a levou à desencarnação. Se foi por acidente, ou como a de Augusto, se o espírito é bom não lesa o perispírito. Mas, se a pessoa não tem o merecimento de ir para lugares bons, vaga entre os encarnados e pelo Umbral entre doentes e feridos, ficando às vezes igual ou parecida com o estado que desencarnou. Augusto, ao acordar no Plano Espiritual, nem cicatriz tinha. Um dos fatores para ter o ferimento após a desencarnação em casos parecidos com o de Augusto é o não perdoar. Como nosso protagonista perdoou de coração seu assassino, seu perispírito não foi nem lesado.

Palco das encarnações

— Ângelo, tenho muitas recordações. Quando meu corpo morria, lembrei que fui o outro Augusto, o filho do coronel. É verdade?

— Sim, você foi o outro Augusto, o sinhozinho. É que, meu amigo, nosso espírito volta muitas vezes à Terra, cada vez em um corpo diferente. Chegamos perto de um feto, vivemos encarnados no corpo até sua morte. Aí, pela desencarnação, voltamos ao Plano Espiritual e a viver no corpo perispiritual.

— O perispírito muda de forma? — quis saber.

— Sim, ele é a cópia da última vestimenta que tivemos quando encarnados. Embora possamos mudar, se for da nossa vontade, e se for permitido pelo Departamento das Reencarnações. Mas vou contar a você tudo que aconteceu para que recorde.

Ângelo foi contando a minha história, desde que reencarnei como sinhozinho, e fui recordando. Quando ele acabou, entristeci.

— Acho que fracassei — lamentei.

— Augusto, é muito difícil este reconhecimento. Muitas vezes na carne, gostamos ou antipatizamos com as pessoas, não sabendo o porquê. Com as antipatias devemos lutar contra, mas com as simpatias devemos cultivá-las. Porém, deixo claro que nem sempre estes sentimentos, antipatia e simpatia, que temos pelas pessoas, existem porque estivemos juntos em outras encarnações. Às vezes, estes sentimentos existem por afinidade ou rejeição, ou seja, por termos os mesmos fluidos ou totalmente ao contrário. Muitas vezes, amamos um ente querido como filho, pai e mãe numa encarnação. Mas este amor não chegou a se purificar, a ser sem orgulho e egoísmo para ser reconhecido numa outra roupagem, ou seja, noutro corpo estranho. Augusto, seus pais senhores o amaram, mas de modo egoísta. Amaram o filho branco, bonito, sadio e perfeito, com orgulho para continuação da família. Você antes de encarnar foi alertado sobre esta possibilidade. Sabia que ia ser difícil ser reconhecido por eles como espíritos simpáticos. O orgulho deles é grande. E mesmo, Augusto, com pessoas normais, sem orgulho, este reconhecimento é difícil.

— Mas sei que existem pessoas que amam os filhos alheios como próprios, há amigos que são mais que irmãos.

— Isto é verdade. Nossa amizade comprova este fato. Já fui em reencarnações passadas seu pai. Nosso afeto é sincero e desinteressado. Quando a amizade é verdadeira, uma vez amigo, sempre amigo. Há parentes que são apenas tolerados e estes em outras reencarnações são indiferentes, principalmente se não forem novamente parentes.

— Mas meus pais senhores choram por mim até hoje.

— Já disse, choram a perda que tiveram. Amavam-no com egoísmo. Ainda mais não conhecendo a Lei da Reencarnação, é difícil para eles concluírem que você poderia ser o filho Augusto branco.

— Fracassei...

— Você tentou, isto é importante. Para seu espírito foi de grande aprendizado este período que esteve revestido de um corpo negro. Acho que muito aprendeu para fazer um trabalho no futuro.

— Ser um grande abolicionista! Se me for permitido, quero ser.

— Certamente que será. Tudo que ambicionamos para o bem nosso e de outros temos permissão para fazer. Porém, muitas vezes para fazermos algo é necessário aprender.

— Anseio por aprender e o farei com amor.

Ângelo me levou para rever tudo. Muitas coisas, lugares, haviam mudado na colônia nestes anos. Nas colônias há sempre crescimento e melhoramentos que se fazem necessários. Estava mais encantadora. A Colônia Casa da Luz é um lugar muito amado por mim. Nestes passeios trocava ideias com Ângelo e o indagava muito.

— *Ângelo, há pessoas que não gostam da colônia?*

— *Sim, há pessoas que não gostam daqui. Meu amigo, a colônia é linda para mim, para você, para os que vibram com este ambiente. Os que não vibram com a colônia podem achá-la maçante, parada, com muita ordem e disciplina. A beleza difere entre as pessoas assim como o gosto também.*

Entendi. Pensei no feitor mau do engenho, ele era sujo e malcheiroso. Tomar banho para ele era castigo e objetos limpos como roupas lhe pareciam ofensa. Certamente ele não ia gostar da colônia. Por falar em roupas, eu vestia na colônia uma roupa confeccionada lá mesmo, calça e camisa brancas e limpas. Gostei muito delas e não mudei mais.

Passados alguns dias, senti o pessoal da senzala me chamar. Corri à procura de Ângelo para dizer a ele. Encontrei-o no seu trabalho, no hospital.

— Ângelo — contei ao meu amigo —, *sinto forte o pessoal da senzala me chamar. Sinto-me inquieto e não sei o que fazer.*

— *Eles pegaram sangue do seu ferimento e o estão evocando.*

— *Eles ajudam o espírito com estas evocações?* — perguntei.

— *Sim, ajudam. Da forma rudimentar deles, os escravos informam ao desencarnado a sua situação. Isto evita que muitos vaguem sem saber de sua morte. Trabalham como sabem, certamente Lourenço e Preta-Velha aprenderão mais tarde a fazer este tipo de ajuda com maior eficiência. Como disse, eles o fazem de modo rudimentar e sem conhecimentos.*

— *Este "mais tarde" quer dizer no futuro, em outras encarnações?*

— Sim. Não demorará muito e surgirá uma religião que ensinará as pessoas a entender este processo, este intercâmbio com os desencarnados, e explicará a Lei da Reencarnação.[2]

— Sinto forte o chamado deles. É por causa do meu sangue?

— Não, é a mente deles. O sangue é algo material que serve para eles se concentrarem. O que importa é a mente e a fé. Fique tranquilo, eu vou um instante em seu lugar e explico que você está bem.

— Ângelo, agradeça-os por mim.

— Certamente.

Foi Ângelo ir e o chamado parou. Sentia dentro de mim eles chamando: "Gusto, vem, meu amigo! Vem para perto de nós! Venha conversar conosco!" E isto estava me inquietando. Meia hora depois, Ângelo voltou sorridente como sempre.

— Augusto, tudo bem agora? — indagou meu amigo.

— Tudo. Como foi lá?

— Incorporei na Preta-Velha e falei de você. Aproveitei e incentivei o segundo grupo e dei algumas lições de moral no primeiro grupo.

— Adiantou?

— Para o segundo sim, o incentivo foi recebido de bom gosto. Para o primeiro foi uma semente lançada. Escutaram como fazem sempre, mas no momento não deram atenção. Agradeci em seu nome. Lourenço disse que vai dar notícias suas a sua mãe Naná. Ela ficará contente.

— Ângelo, incorporar é entrar no corpo do médium?

— Não, o espírito comunicante não substitui o espírito do médium, porque este não pode se deslocar do corpo. O que

---

2 N.A.E. Tempos depois, de fato, veio, pelo Codificador Allan Kardec, o Espiritismo, que nos explicou tudo isto e nos fez entender a justiça misericordiosa de Deus.

devemos entender por incorporação é entrar em sintonia ou indução mental de cérebro perispiritual a cérebro perispiritual. Ou seja, uma mente sintonizando com a outra. O encarnado recebe o pensamento do desencarnado e o transmite.

— Isto é fascinante! Será que as pessoas esclarecidas irão no futuro admitir isso?

— Certamente. Aquelas que estudarem serão as que mais compreenderão. Pessoas inteligentes, interessadas e de fé acharão lógica neste aprendizado. E esta religião que surgirá no futuro reviverá a fé. Porque, meu caro Augusto, a fé precisa de uma base sólida que é a compreensão, o entendimento do que se deve acreditar. Surgirá o tempo que não se poderá crer por crer, será necessário entender.

— E a Lei da Reencarnação é a mais justa a meu ver e necessita ser ensinada por esta religião.

— E será.

— Ângelo, sei que reencarnamos e, pela Lei da Causa e Efeito, seria para reparar nossos erros. Seria também por algo mais?

— Reencarnar não é punição e sim evolução. É necessário que encontremos resistência para crescer, evoluir espiritualmente. E o corpo carnal nos oferece esta resistência.

Acabei me adaptando rápido ao Plano Espiritual. Mas logo me veio à mente que poderia tentar ajudar de novo minha família da encarnação anterior que, por incrível que pareça, ainda chorava por mim. Depois da notícia que Ângelo deu aos meus amigos da senzala, eles se conformaram e até acharam bom e merecido eu estar bem. Meus irmãos Dito, Chico e Mariazinha, com os quais tive pouco contato, também se alegraram com a notícia de que agora era livre e estava num lugar muito bom. Eles acreditavam totalmente, isto me era bom, grato ao

No plano espiritual

coração. Recebia bons fluidos desta fé, desta crença, aceitava o que eles me desejavam. Ângelo me explicou:

— *Augusto, desejar algo de bom para as pessoas é mandar fluidos positivos que são tão fortes como orações, ou seja, este fato é a própria oração. Isto vale tanto para encarnados como para desencarnados.*

— *E o que desejamos para os outros acabamos por receber também, não é?*

— *Sim, tanto os desejos ruins como os bons. Não sabe o ditado? Fica sempre um pouco de perfume nas mãos de quem oferece rosas.*

Mamãe Naná estava até orgulhosa por eu estar num lugar maravilhoso como lhe afirmou Lourenço. Ela sentia saudades, às vezes chorava, mas suas lágrimas resignadas não me incomodavam. Tão meiga era Naná!

Lembrei bem da minha outra encarnação, como sinhozinho Augusto. Mas também tive lembranças de outras existências. Alguns fatos me eram tão reais que parecia revivê-los. Aconselhado por um instrutor do Educandário, fiz uma visita ao Departamento das Reencarnações. Quem me atendeu foi Luciano, um senhor simpático e instruído que me escutou com paciência. Contei o que me ocorria e terminei por dizer:

— *Luciano, não me incomodo com estas lembranças, elas vêm espontaneamente. Serão fruto da minha imaginação? Ou recordo mesmo?*

— *Estou com sua ficha reencarnatória aqui comigo. Augusto, estas recordações não são fruto da sua imaginação. Quando o espírito está apto para recordar, ou seja, no sentido popular, maduro para isto, esta recordação se dá de forma espontânea, pode ser no período desencarnado ou encarnado. Você, meu caro Augusto, é um espírito instruído, há muitas encarnações*

Palco das encarnações

você vem estudando, tem com isto desenvolvido sua inteligência. Reencarnou muitas vezes em países civilizados e tem o dom da literatura desenvolvido.

— Isto quer dizer que já escrevi muito? Mas nestas duas últimas encarnações nem aprendi a ler!

— Não teve oportunidade. No corpo não aprendeu, mas na sua memória perispiritual tem muitos conhecimentos arquivados. Você já escreveu muito, poesias, contos, romances, etc. Este dom ficou parado, como que adormecido, para que você fizesse outro trabalho. Mas vamos confirmar suas recordações; estava reencarnado em Portugal quando começaram a buscar negros na África para que fossem escravos na América. Você foi um dos que incentivou esta façanha. Porém, você era um sonhador, não previu as consequências do seu ato. Primeiro porque acreditava nas palavras da Igreja, que dizia que os negros não tinham alma e que eles poderiam ser civilizados pelos brancos em troca do trabalho. Você achou que era algo de bom para ambos os lados. Você, querendo enriquecer mais, porque na época era rico, veio com sua família para o Brasil e comprou muitos escravos. Logo entendeu que não era simples como pensava. Os negros ficaram saudosos e tristes. O cativeiro não era assim fácil, não podia deixá-los soltos e livres, tinham de ser obrigados a trabalhar. Ficou num grande dilema. Tinha investido tudo no Brasil e não poderia ficar na miséria com sua família, se abandonasse seu projeto. Acabou fazendo como os outros senhores: senzala, castigos etc. A família que o incentivou a vir é esta por quem se preocupa.

Luciano calou-se por um instante. Ele falava e eu recordava com detalhes. Tinha me deixado levar pela ambição. Lembrei dos discursos que fiz em prol da busca dos negros da América. Chorei.

No plano espiritual

— *Não, Augusto* — *Luciano tentou me consolar* —, *não chore. Você já pagou bem caro por isto. Veja o muito que já sofreu por esta insensatez. Depois, você foi somente uma peça. A decisão não foi somente sua. Não existe apenas um responsável. Você como senhor não tratou mal seus escravos, pelo menos não se excedeu. Quando desencarnou, viu que o negro tinha espírito como você e isto o amargurou bastante. Pediu para reencarnar em Portugal em uma família influente para tentar lutar contra este comércio absurdo. Tentou, reencarnou e com seus artigos e discursos tentou alertar os reis, as autoridades contra este crime, que era tirar negros do seu país de origem e fazer deles escravos em terras distantes. Suas ideias eram contra o lucro considerado. Portugal estava rico à custa da colônia brasileira. Quando interesses econômicos são envolvidos, certas ideias incomodam os beneficiados. Assim, você jovem ainda foi assassinado. Desencarnou novamente, perdoou seu assassino, entendeu sua situação de desencarnado e voltou ao Brasil. Esteve nesta mesma colônia e pediu para permanecer nas terras brasileiras. Vendo a família que trouxe com você prosperar e usar de modo cruel os seres humanos mais frágeis no momento, você se entristeceu. Porém, lhe foi dito: tudo o que acontece é por decisão Divina. Não cai um fio de cabelo, como expressou Jesus, de nossa cabeça sem que o Pai saiba. E tudo tem razão de ser. Entre os escravos estão espíritos que de uma maneira ou de outra necessitam deste aprendizado. Achando que não deu valor à vida humana, quis reencarnar na família que trouxe de Portugal. Assim, como sinhozinho Augusto, aprendeu a dar valor a todas as vidas encarnadas; por isto desencarnou criança, quando ansiava se tornar adulto e ser um bom senhor de escravos. Todos nós trazemos sonhos e desejos a realizar quando encarnados,*

Palco das encarnações

senhores, escravos, pobres e ricos. E tantos desencarnaram e desencarnam crianças por falta de cuidados. Embora para este fato tenha sempre razão de ser. Há espíritos que desencarnam crianças e jovens por outros motivos, são muitas as causas.

Luciano fez novamente uma pausa.

— *Estou tentando reparar meu erro, há três reencarnações, tento e não consigo* — queixei-me.

Meu sábio instrutor respondeu calmamente:

— *E por que julga que não conseguiu? Como já disse, este período de escravidão na América tinha de acontecer. Você incentivou, depois em outra encarnação lutou para que parassem com este comércio, foi assassinado. Não se revoltou e perdoou. Somente deixou a tristeza se apoderar de você. Quis reencarnar e desencarnou logo em seguida para aprender a dar valor à vida encarnada. Talvez, se tivesse ficado, seria dono de um engenho e de muitos escravos. Poderia com isto ter oportunidade de fazer o bem a eles.*

— *Não me sentia preparado para esta façanha* — disse. — *Temi que a ambição me fizesse senhor de engenho como meu pai.*

— *Tudo bem, tanto que na época seu pedido foi aceito. O coronel Honório poderia com a dor da perda de um filho tornar-se mais humano. Novamente seu outro pedido, para reencarnar como escravo, foi permitido. Acho que agora se sentirá preparado para lutar contra a escravatura, porque vestiu um corpo negro e sentiu na pele o que é ser escravo.*

— *Sinto que agora estou preparado para ser um bom senhor de escravo. Mas o serei para os poucos que estarão sob minha tutela. E os outros? Os que estão espalhados pelo Brasil?*

— *Raciocina Augusto. Em vez de ser senhor de poucos, por que não lutar por todos?*

No plano espiritual

— *Como?!*

— *Usando do meio que anteriormente usou a favor deste comércio. Volte e novamente faça uso da sua palavra para acabar com a escravidão.*

— *A literatura?* — indaguei.

— *Por que não? Augusto, desta vez aconselho-o a se preparar, a planejar, a estudar antes para este evento. Não há pressa. Conhecendo a Lei da Reencarnação, sabemos que o Pai não é injusto. E enquanto o ser humano não melhorar, não se tornar menos egoísta e orgulhoso, haverá oprimidos e opressores. Se a escravidão acabar, haverá os pobres e os ricos. Sempre a ambição levará o ambicioso a explorar o mais fraco.*

— *O Pai é bom demais por nos dar, através das reencarnações, oportunidades para reparar nossos erros.*

— *Certamente, Augusto, Deus é justo e misericordioso.*

Agradeci e me despedi. Meu passado, ou minhas reencarnações passadas, eram um livro aberto. Recordando os acontecimentos, tive meus conhecimentos também lembrados. Lia e escrevia corretamente em vários idiomas.

Aconselhado por Ângelo iria desta vez pensar bem no que fazer.

Mas coronel Honório e sinhá Decleciana ainda choravam inconformados por mim. Pensei muito nisto. Achei que poderia tentar ajudá-los. Sentia-me responsável por eles, já que fora eu a trazê-los de Portugal para o Brasil. Talvez conseguisse fazer algo de bom a eles estando desencarnado. Se muitos desencarnados, bons e maus, ficavam com os encarnados, eu poderia ficar também. Comentei com Ângelo e meu amigo me esclareceu:

— *Augusto, ajudando a poucas pessoas é que aprendemos e nos preparamos para ajudar a muitos no futuro. Sei que se sente responsável por estes espíritos, porém eles têm o livre-arbítrio e fazem o que querem. Você, indo ter com eles, se privará deste lugar lindo que fez por merecer. Também sentirá as dificuldades que eles passarão e nem sempre poderá ajudá-los. Sabe bem que eles, plantando a má semente, a do orgulho e a do egoísmo, terão a má colheita pela frente.*

— *Poderei intuí-los a pararem de plantar o mal e, quem sabe, até plantem a boa semente.*

Falei entusiasmado. Ângelo sorriu.

— *É bondade de sua parte se preocupar com eles. Bem, se quer mesmo, vou com você ao Departamento de Ajuda onde fará seu pedido.*

No outro dia lá estávamos. Uma moça muito bonita, negra, nos atendeu.

— *Então, Augusto, quer tentar ajudar um grupo familiar?*

— *Quero sim. São os da minha encarnação passada. Penso que devo tentar ajudá-los.*

— *Augusto, você sabe que não poderá fazer a lição que cabe a outrem? Quem faz a lição para o outro, o priva de aprender.*

— *Sei sim, senhora.*

— *Sabe também que todos nós temos nosso livre-arbítrio e que não podemos forçar ninguém a ser bom ou mau?*

— *Sei. Quero intuí-los, orar por eles, acompanhar os acontecimentos. Quero tentar despertá-los para o bem.*

— *Isto é uma tarefa difícil!*

— *O pouco que poderei fazer será bastante para mim. Não posso usufruir desta alegria e paz que a Casa da Luz me oferece, pensando nos meus entes queridos que se perdem cada vez mais. Sei que é impossível torná-los bons de uma hora para outra. Sei que ninguém pode tornar o outro bom, somente podemos lhe fazer o bem mostrando o caminho para se tornar*

No plano espiritual

bom. Se não conseguir ajudá-los, não me sentirei fracassado, serei grato por ter tentado.

— *Eu o entendo* — disse a moça. — *Estudaremos seu pedido, mandarei avisá-lo quando tivermos a resposta.*

Esperei tranquilo. Se me fosse negado, iria estudar e me preparar para reencarnar como abolicionista, se fosse permitido ajudá-los, iria logo que possível para perto deles. Mas a resposta não demorou muito, logo estava na frente da moça atendente para ouvir a decisão que o conselho do Departamento deu depois de ter analisado meu pedido.[3]

— *Caro Augusto, você teve permissão para ficar perto dos seus encarnados queridos e tentar ajudá-los. Sem, entretanto, interferir no livre-arbítrio deles. Por dez anos você poderá ajudá-los, intuindo-os e orando por eles como é do seu desejo. Você poderá, se quiser, desistir e voltar antes dos dez anos. E se quiser voltar a ter a aparência de sinhozinho Augusto poderá ter.*

— *Branco?*

— *Sim.*

Pensei por momentos e respondi:

— *Não quero. Amo a cor negra. Tenho a certeza de que no futuro, ainda que demore, todos serão vistos como iguais. Se possível quero ser chamado de Augusto e não de Gusto. Porque Augusto é o meu nome. Quando poderei partir?*

— *Quando quiser.*

— *Agradeço.*

Despedi-me da atendente e saí, Ângelo me acompanhou. Senti-me tranquilo quando ele falou:

---

[3] N.A.E. Desencarnado também tem seu livre-arbítrio. Mas, para fazermos certo tipo de trabalho ou ajuda é necessário que, pelo bem geral da ordem e disciplina, peçamos permissão e orientação. Nada se faz bem-feito à revelia. Mas sempre que o pedido é justo e bom, ou para o pedinte ou a outros, se tem permissão.

Palco das encarnações

— *Sabe que trabalho no Plano Espiritual, tenho minha tarefa junto aos doentes recolhidos no hospital da colônia. Mas sempre tive tempo para você e continuarei tendo. Quando precisar de mim é só me chamar que o atenderei.*

— *Ângelo, sou tão grato a você. Contar com sua ajuda me é gratificante. Vou partir agora.*

Fui ao Educandário me despedir dos amigos e instrutores e partimos. Ângelo fez questão de me acompanhar. Volitamos até o engenho. Foi grato ao meu coração ver aquele lugar, um cenário em que vivi de modo tão diferente duas encarnações.

— *Amo este lugar!* — exclamei.

— *Augusto, devemos amar todos os lugares. Tudo é obra do nosso Pai Maior, de Deus.*

Feliz me senti ao estar ali para mais uma tarefa, que certamente me daria mais experiência e muito aprendizado.

ENTRE ENCARNADOS

    A primeira pessoa que fui ver foi mamãe Naná. Abracei-a com muito carinho. Talvez, sentindo meus fluidos, ela lembrou-se de mim. Sorriu tristemente e pensou: "Estou com saudades de Gusto, mas que bom que ele está bem e agora é feliz." Beijei-a com muito amor.

    Meus irmãos trabalhavam direito, todos serviam na casa-grande e moravam no galpão. Nestes dez anos, procurei sempre incentivá-los a aceitar com paciência e resignação a escravidão à qual por esta encarnação estavam submetidos.

    Depois fui ver meus amigos na senzala, Lourenço e Preta-Velha. Logo que entrei me viram e se alegraram com minha presença. Conversei com eles. Expliquei que estava ali para uma tarefa especial junto aos senhores. Eles com carinho me abençoaram, desejando êxito. Nestes anos em que ali permaneci, fui muito ter com eles, ora para receber incentivos, ora para uma conversa amigável. Mas minha tarefa me esperava e tinha que começá-la o quanto antes. Fui ver os senhores do engenho. Sentia o amor filial pelas minhas duas mães, sinhá Decleciana e Naná. Assim decidi que, a partir daquele dia, iria chamá-las pelo nome.

Palco das encarnações

Quando entrei na sala da casa-grande, sinhá Decleciana estava ralhando com Nadinha, minha ex-ama que já estava velha e ainda trabalhava na casa como arrumadeira, já que não tinha mais crianças no meu ex-lar. Sinhá estava nervosa.

— Nadinha, sua velha nojenta! Por descuido quebrou o vaso que foi de minha avó!

— Não foi ela, sinhá — disse Naná. — Fui eu!

— Você! — exclamou a sinhá. — Foi você?

— Não foi ela não, senhora, fui eu mesma! — confessou Nadinha. Admirei mais minha mãe negra. Acusou-se para defender a velha amiga.

— Você está muito descuidada — repreendeu sinhá. — Este vaso foi de minha avó. Gosto tanto dele e agora está quebrado por sua causa. Se continuar desastrada, irá para a senzala.

— Para a senzala não, senhora, por piedade. Não quebrei por querer.

Nadinha começou a chorar baixinho.

— É uma imprestável! Por isto receberá cinco chicotadas. Como sou boa, o castigo irá ser aqui mesmo no pomar. Feitor! Feitor!

Sinhá aproximou-se da janela e gritou para o empregado que vigiava a casa-grande.

— Feitor, dê sem piedade cinco chicotadas em Nadinha. Agora!

— *Não!* — implorei. — *Não faça isto, minha mãe!*

Mesmo sabendo que ninguém ali iria me escutar, gritei. Aproximei-me da sinhá, tentei envolvê-la nos meus fluidos e me esforcei para transmitir meus pensamentos. Mais calmo, falei de mente a mente:

"Mamãe, não castigue Nadinha por um vaso! Por um objeto que quebrou sem querer. Nadinha sempre foi fiel, doce e amorosa. Cuidou tanto de mim."

Entre encarnados

Sinhá Decleciana foi para o quarto. Recebeu de forma incompleta meus pensamentos. Lembrou do filho Augusto pequeno, sadio e bonito. Entristeceu-me com suas lembranças e esqueceu de Nadinha.

Nadinha saiu da sala chorando, foi para o pomar e esperou que o feitor cumprisse a ordem, porque sabia que quem fugia do castigo era castigado em dobro e na frente de todos, no tronco.

— Quer tirar a blusa, Nadinha? — indagou o feitor. — Sinto em ter que fazer isto. Que fez para receber o castigo?

— Quebrei um vaso.

— Somente isto?

— Pode bater, não vou tirar a blusa.

O feitor bateu. As chicotadas doeram em mim, chorei. Mas logo me recompus. Veio à minha mente o conselho recebido: "Você não deve interferir". Sofri junto. O sangue logo marcou a blusa de Nadinha. Naná e uma outra escrava vieram para ajudá-la. Levaram-na para o galpão.

— Tire agora a blusa, Nadinha — pediu Naná. — Se o sangue secar, a roupa grudará em você.

Deitaram-na e começaram a limpar e passar um remédio de ervas nos ferimentos. Vi, assustado, que Nadinha tinha marcas de outros castigos.

— Naná — agradeceu minha antiga ama —, obrigada, você ter se acusado, mas iria receber o castigo no meu lugar.

— Nadinha, somos amigas, você é tão boa, tão dedicada aos senhores, e foi muito injusto o castigo. Gosta tanto deles, que até me faz lembrar meu Gusto. Não tenho raiva deles, não os odeio, mas também não os amo como você.

— Também não entendo por que os amo tanto — Nadinha chorava baixinho.

Palco das encarnações

— Agora temos de voltar ao trabalho, senão sobra para nós — alertou a outra escrava.

— Vão as duas, estou bem.

As duas escravas voltaram para seus afazeres. Aproximei-me de Nadinha. Orei e quis tirar sua dor, com passes tentei acalmá-la. Foi com satisfação que a vi parar de chorar e adormecer tranquilamente. Saí para a área da casa e não pude deixar de reclamar:

— *Como sinhá Decleciana pôde fazer isto! Acho que minha tarefa por aqui não vai ser fácil.*

Logo em seguida recebi a visita de Ângelo e tratei de contar rápido o acontecido.

— *Vamos vê-la!* — decidiu meu amigo.

Nadinha ainda estava dormindo. Ângelo bondosamente lhe deu um passe e ela ressonou.

— *Então foi castigada por um vaso?* — indagou meu amigo.

— *Sim, foi* — respondi.

— *Pois seja! Olhe bem para ela e queira ver quem ela foi no passado.*

Com ajuda de Ângelo e olhando bem para Nadinha, fiz o que ele pediu, desejei ver seu passado. Em lances rápidos, vi Nadinha em outro corpo, branco, arrogante e orgulhosa tal qual sinhá Decleciana.

— *Meu Deus!* — exclamei. — *Nadinha foi outrora a avó da sinhá Decleciana. Foi minha bisavó! A dona do vaso!*

— *Sim* — concluiu Ângelo. — *Nadinha foi sua bisavó, a dona do vaso quebrado. A neta venera um objeto e não a pessoa ou o espírito.*

— *Castigou a própria dona do objeto!*

— *Não somos donos de nada! Ela por um período encarnado teve a posse deste objeto. Desencarnou e o vaso ficou aí, agora* é da sinhá Decleciana e para quem ficará quando esta desencarnar? Nada possuímos, nem nosso corpo que é emprestado pela natureza. Ao desencarnarmos o corpo volta à natureza.

Saímos novamente para a área. Ângelo aproveitou para me elucidar.

— Augusto, a Lei da Reencarnação é justa e simples, somente a compreendemos quando entendemos a misericórdia do Pai Amoroso. Aqui no engenho podemos estudar tantas diferenças, pessoas boas, outras más, alguns senhores, outros escravos, negros e brancos, sadios e doentes. Somos o que fizemos de nós. Somos livres para fazer o ato que queremos, mas obrigados a responder por eles. As ações boas, reações de felicidade, ações ruins, reações de dores. Nadinha já revestiu um corpo branco, foi sinhá, dona da casa-grande. Orgulhosa, abusou do poder temporário. Desencarnou, arrependeu-se depois de muito ter sofrido. Veio pela reencarnação ter num corpo negro e ser escrava para aprender pela dor a ser mais caridosa e ver todos como irmãos.

— Muitos aprendem?

— Claro que não — respondeu meu amigo. — A dor pode também trazer a revolta. Não viu isto na senzala? Mas, no caso de Nadinha, ela sendo resignada aprende a lição que necessita. Mas agora tenho de ir.

Ângelo voltou para seu trabalho no hospital. Logo depois, veio um mensageiro com a notícia de que Esmeralda, minha irmã, viria com a família passar alguns dias no engenho. Sinhá Decleciana alegrou-se com a visita da filha. Todas as providências foram tomadas.

Esmeralda chegou no horário previsto. Estava tão bonita! Logo que os vi entendi que ela e o esposo eram pessoas boas,

Palco das encarnações

que irradiavam bons fluidos. Tinham quatro filhos pequenos. Todos muito bonitos. A casa se alegrou.

Nadinha também se alegrou em ver sua sinhazinha. De modo discreto foi à sala para rever Esmeralda. Eu estava na sala no momento em que sinhá Decleciana e Esmeralda tinham uma conversa distraída sobre as crianças. Eu as escutava. Esmeralda, ao ver a velha ama, foi logo cumprimentando-a.

— Nadinha! Como está você?

Bateu de leve a mão nas costas da antiga ama, que deu uma encolhida de dor.

— Que houve com você? Está doente? Tem algo nas costas?

Foi a sinhá que respondeu:

— Foram umas chicotadas. Mereceu o castigo! Imagine que ela, desastrada, quebrou o vaso que foi de minha avó!

— Mamãe — espantou-se Esmeralda —, a senhora mandou castigar Nadinha somente por isto?!

— Mandei!

Sinhá Decleciana respondeu brava e Esmeralda preferiu calar-se. Nadinha saiu da sala e minha irmã aproximou-se da janela. Cheguei perto dela, Esmeralda estava indignada.

— *Faça algo por Nadinha, Esmeralda, faça! Leve-a com você!* — pedi à minha irmã.

Esmeralda virou rápido e foi com alegria que escutei ela dizer a sua mãe:

— Mamãe, me dê Nadinha!

— Você quer esta velha imprestável?

— Ela sempre nos quis tão bem. Gosto dela e confio nela. Quero-a para que vigie as amas dos meus filhos.

— Por mim tudo bem! Mas vai levar um estorvo.

Esmeralda saiu atrás de Nadinha. Encontrou-a na cozinha.

Entre encarnados

— Nadinha, mamãe deu você para mim. Vou levá-la para meu lar. Nunca mais será castigada. Na minha casa terá a velhice que merece.

Esmeralda saiu e Nadinha ficou apreensiva. Uma outra escrava opinou:

— Nadinha, que bom para você. Sabemos que sinhá Esmeralda é bondosa e seu marido também.

— Mas vou deixar esta casa em que vivi tanto tempo. A sinhá Decleciana que sofre pelo sinhozinho Augusto. Como viver longe desta casa?

Encheu os olhos de lágrimas. Aproximei-me dela e a abracei, tentei motivá-la.

— *Nadinha, será o melhor para você! Se ficar aqui acabará indo parar na senzala. Esmeralda é boa e gosta de você.*

Aqueles dias em que Esmeralda esteve na casa-grande foram alegres, as crianças enfeitavam a casa. Na hora de partir, Nadinha despediu-se de todos com abraços carinhosos.

— Nadinha — prometeu Esmeralda —, sempre que vier aqui, trarei você comigo.

Nadinha partiu, mas neste tempo em que estive estagiando entre os encarnados fui visitá-la e a encontrei muito bem. Esmeralda e o esposo eram duas ótimas pessoas e Nadinha era muito bem tratada. Seu trabalho era vigiar as amas. As crianças gostavam muito dela, escutavam suas histórias com atenção e carinho. Nadinha teve uma velhice tranquila. E como Esmeralda prometera sempre que ia ao engenho a levava. Nadinha ficava feliz em rever os amigos. Sinhá Decleciana nunca se importou em perguntar como ela estava.

Minha irmã Deolinda, depois do acontecimento trágico no qual desencarnei, chorou muito e contou ao pai outra história. Disse que o noivo tentou abusar de sua honra, algo grave para

Palco das encarnações

a época. Como ela se negou, tentou matá-la. Tudo fez para convencer o pai de que o noivo era ruim, que tomou ódio dele e tinha medo, que ele ia acabar matando-a por qualquer motivo. Coronel Honório tinha muito amor pelas filhas. Vendo Deolinda desesperada mandou um mensageiro, um dos feitores, à casa do noivo informar que desmanchara o noivado. O noivo sentiu-se aliviado, não a queria, ainda mais depois de saber que ela amava outro. Assim o noivado foi desfeito. Porém, naquela época uma moça que tivesse sido noiva dificilmente achava outro pretendente. Simão, o eleito de minha irmã, era filho de um negociante da vila. Os dois se viam raramente e quando tinha jeito, por meio das compras que o engenho fazia, correspondiam-se. Ela colocava a carta dentro da lista de compras e fechava o envelope. Deolinda sempre pedia fitas e ele colocava a resposta dentro destes enfeites.

Eu já estava na fazenda, quando Simão criou coragem e escreveu ao coronel pedindo a mão de Deolinda em casamento. Ele mostrou a carta para sinhá e comentou:

— Em outros tempos, mandava matá-lo, mas agora não sei.

Sinhá tinha um grande desgosto em ter uma filha solteira. Queria que todas casassem bem, tentei ajudar minha irmã, levando os senhores da casa-grande a saber a opinião de Deolinda. Esta tentou parecer indiferente para que não desconfiassem.

— Penso, pai, que o senhor deve aceitar, ele me parece uma pessoa inteligente e é bonito.

— Mas é pobre! — exclamou o coronel.

A sinhá debateu.

— Você pode ajudá-lo, ele poderá vir a ser um grande negociante.

Foi com prazer que escutei:

— Vou mandar convidar este Simão e os pais para almoçar domingo em casa. Vou aceitar o seu pedido.

No domingo lá estava Simão com os pais. Todos muito informais. O coronel aceitou o pedido, mas disse que era para casar logo, dali a dois meses. Com tudo acertado as visitas foram embora. Deolinda estava felicíssima. O casamento dos dois foi simples, teve uma festa para a família e os vizinhos e outra para os escravos. Os dois estavam radiantes. O coronel comprou uma casa para eles na vila, deu a Deolinda algumas escravas para fazer o serviço da casa e prometeu a Simão que o ajudaria a montar um armazém. De fato, tempos depois Simão montou seu negócio. Deolinda e Simão foram muito felizes.

Aprendi a ver nas pessoas o que foram na existência anterior, para melhor compreender, vi a de alguns. Entre elas a de Lourenço e Preta-Velha.

Lourenço foi um capitão de navio negreiro. Para ter dinheiro mais fácil usou seu navio para transportar os negros da África para o Brasil. Não foi mau como tantos outros. No seu navio impedia abusos e maus-tratos dos escravos. Entretanto isto lhe pesou muito na consciência, sentiu bastante remorso e pediu para reencarnar na pele de um negro, para aprender a ser humilde. Por ser espírito inteligente, mesmo não tendo a oportunidade de se instruir, mostrava ter mais conhecimentos que os outros escravos. E, como Ângelo me elucidou, Lourenço, além de resgatar seus erros, fazia o bem, provando assim que quando queremos temos sempre a oportunidade de fazê-lo. Ele usava o dom da mediunidade, de sua sabedoria para aconselhar, acalmar ânimos exaltados e ajudar todos os negros do engenho.

Preta-Velha foi na encarnação anterior um homem e trouxe nesta as feições masculinas. Era alta e forte. Ela foi um monsenhor estudioso e teve conhecimentos de medicina. Mas foi um grande defensor da ideia de que negro não tinha alma. Que era um ser criado por Deus para servir os brancos, raça superior.

Palco das encarnações

Desencarnou e foi perseguido pelos seus inimigos, por pessoas que ele prejudicou e que não o perdoaram. Como monsenhor ele tinha verdadeiro horror pelas pessoas que falavam com os mortos. Sofreu muito por longo período no Umbral. Socorrido, foi decidido pelos orientadores da colônia que o acolheram que, para seu aprendizado, ele ia reencarnar longe da Europa que ele tanto amava e como escravo. E, para que os obsessores não o achassem, viria no corpo de uma mulher porque também pensava que esta não deveria ter alma. Teria a mediunidade como graça para que com ela fizesse o bem. Preta-Velha tinha sofrido muito, não conseguiu engravidar e foi tratada como homem quando era jovem, isto é, tinha de trabalhar como um. Foi muitas vezes castigada até que aprendeu a obedecer. Com o tempo aceitou sua situação e a mediunidade, que serviu para ajudar e aprender. Assim, como uma negra escrava, este espírito aprendeu a fazer o bem, a ajudar a outros, a ser humilde e ver que somos todos irmãos. Ela sentia que não estava ali na senzala por acaso e que tinha sido má em outras existências e, grata, ajudava a todos com alegria.

Passei a exclamar sempre:

— *Como Deus é bondoso nos dando tantas oportunidades de voltar em outro corpo carnal e, com isto, reparar nossas faltas, acertar nossos erros! Como seria injusto se tivéssemos somente uma encarnação, se vivêssemos, nós espíritos eternos, num corpo somente, tendo somente uma personalidade.*

Comparando os senhores e os escravos e especialmente sinhá Decleciana com Preta-Velha, pensava: *"como o Pai Amoroso, que é Deus, iria diferenciar tanto assim? Seria injusto? Não, pelas reencarnações, ele nos dá oportunidade de viver como senhores e escravos, ricos e pobres. E dependerá de nós fazer bom uso das oportunidades. Porque, como Lourenço e Preta-Velha, certamente muitos outros tiveram a oportunidade da reencarnação como escravos para reparar erros, pagar débitos, crescer espiritualmente. Mas, como outros, muitos escravos não aprenderam a lição, chegaram até a agravar seus débitos, odiando, sendo ou continuando a ser maus. Como José, pertencente ao primeiro grupo, que era mau, briguento e vingativo; fora um feitor mau na outra existência, e como escravo continuava rancoroso e orgulhoso."*

Meditava muito na Lei da Reencarnação. Um dia indaguei a Ângelo:

— *Por que sendo a reencarnação tão importante esquecemos de tudo ao encarnar novamente?*

— *O esquecimento nos comprova a bondade de Deus. Ele, sábio, dá uma outra oportunidade de iniciar, de começar, não poderíamos fazê-lo lembrando do passado. Como amar um parente sabendo que ele foi um inimigo no passado? Se reencarnamos juntos para uma reconciliação, como nos defrontar com o ofensor ou com o ofendido? Como viver o presente ligado ao passado? Estas lembranças, recordações do passado, são para poucos.*

— *Por que, sendo a Lei da Reencarnação algo tão justo, Jesus não falou mais claramente dela?*

— *Aqueles que estão aptos para entender acham claros nos ensinos evangélicos estes ensinamentos. Depois, Augusto, não é importante o passado, este passou, o futuro virá e não devemos nos preocupar com ele. O importante é o presente, é fazermos, realizarmos, crescermos espiritualmente, evoluirmos na atual encarnação. Sabendo da Lei da Reencarnação não devemos deixar para fazer no futuro o que nos compete fazer agora. E*

Palco das encarnações

quem quer seguir os ensinos de Jesus tenta realizar logo sua melhoria interior.

Vi Maria e Tião vagando pela fazenda. Tião completamente perturbado e Maria amorosa com ele. Tentei conversar com os dois.

— *Maria, como está?* — perguntei educadamente.

— *Sofrendo muito. E você? Sua morte foi injusta!*

— *Nenhuma morte é injusta. Se nascemos, temos de saber também que o corpo irá morrer.*

— *Perdoou?*

— *Sim. Vocês também deveriam perdoar.*

— *Não e não! Odiamos e irão pagar caro pelo que nos fizeram. Se você insistir nisso, não venha conversar mais conosco.*

Pegou a mão de Tião e saiu de perto de mim. Na primeira oportunidade conversei com Ângelo a respeito deles e pedi ao meu amigo:

— *Ângelo, você não poderia ajudá-los?*

— *Não é fácil ajudar quem não quer a ajuda que podemos dar. Às vezes nos pedem algo que é impossível atender. O que Maria quer no momento é se vingar, para ela qualquer ajuda seria neste sentido. Mas vamos vê-los.*

Encontramos o casal embaixo da árvore, a paineira que denominaram assombrada. Ângelo chegou com sua simplicidade e calma de sempre e disse a Maria:

— *Permita que eu lhes dê um passe.*[1]

— *Sim.*

Ângelo estendeu as mãos sobre os dois e depois orou alto.

— *Deus, nosso Pai, tende piedade dos que sofrem, dai-nos o entendimento da Vossa vontade. Clareai-nos para que possamos*

---

1 N.A.E. Ele disse "que eu lhes benza", era como se falava por ali.

entender e aceitar o sofrimento. Aqui estamos a pedir por Maria e Tião. Iluminai-os com Vossas bênçãos.

Ficaram quietos. Depois da oração, Tião melhorou da sua perturbação e Maria suspirou e sentiu-se aliviada. Ângelo lhes convidou:

— *Vocês não querem desfrutar de um tratamento onde poderão sentir-se bem? Ir para lugares onde vão a maioria dos que desencarnam?*

— *Mas o que temos de fazer para termos isto?* — indagou Maria desconfiada.

— *Perdoar, Maria, perdoar e desistir da vingança.*

— *Sabia que não ia ser de graça! Ninguém dá nada de graça. Perdoar, nunca! Não é, Tião? Não perdoaremos.*

— *Não perdoaremos* — repetiu Tião.

— *Ou vocês vão embora ou vamos nós* — disse Maria brava.

— *Que Deus os abençoe!* — desejou, de coração, meu amigo. Saímos e os deixamos embaixo da árvore.

— *É incrível, sofrem e não aceitam perdoar* — fiquei inconformado. — *Mas vou tentar ajudá-los, tenho tempo.*

— *E pode contar comigo. Voltaremos a visitá-los. Um dia quem sabe aceitarão o alimento que temos a oferecer.*

Sentia-me responsável pelo grupo familiar dos senhores dos três engenhos. Eles perdiam a oportunidade de ser bons, mas eu sabia que teriam outras oportunidades, que o inferno eterno não existe. Talvez pudessem reencarnar até como escravos em futuras encarnações para aprender a ser mais benevolentes.

Temos sempre oportunidades de aprender a ser bons pelo amor. Quando recusamos, a dor vem nos ensinar. Às vezes ela não consegue, porque para muitos ela traz a revolta. Mesmo assim ela não desiste, e vai ensinando, ensinando, até que o espírito se rende e aprende. Mas meu pai, coronel Honório, me preocupava muito. Achando-se jovem, forte, desejava ter mais filhos, homens de preferência, e a esposa, sinhá Decleciana, não podia ter mais filhos. Planejava matá-la, tornar-se viúvo e casar novamente. Até já começava a escolher pela redondeza uma outra esposa. Pensava em matar a esposa de dois modos: ou a sufocaria com o travesseiro ou pegaria uma cobra e a faria picá-la. Apavorei-me. Tentei conversar com ele, nada, ele não recebia nenhuma intuição minha.

Dei-lhe passes, e quando ele se desprendeu do corpo físico, por momentos ele ficou como eu, ligado por um cordão ao corpo. Conversei com ele calmamente.

— *Meu pai, peço-lhe, desista desta ideia, não mate sua esposa!*

— Quem é você?

— *Seu filho, Augusto!*

— Mentira! Mentira!

Ele gritou e voltou apavorado ao corpo, e acordou gritando: "Mentira!"

Sinhá Decleciana acordou assustada e ele logo foi contando o pesadelo.

— Decleciana, sonhei com um negro que dizia ser nosso Augusto.

— Isto é obra do demônio! Vou acender uma vela para a Virgem. Imagine, nosso Augusto negro!

Sinhá Decleciana levantou e acendeu a vela do oratório, fez o sinal da cruz e voltou ao leito.

— Está melhor, meu marido?

— Estou. Mas que sonho horrível!

Foi aí que lembrei que mantinha a aparência negra que apavorou tanto o coronel, tão orgulhoso. Resolvi pedir ajuda ao

Ângelo. Chamei-o e este amigo logo que lhe foi possível veio ao meu encontro. Contei o que ocorria.

— *Ângelo, por favor, me ajude a evitar este crime.*

— *Vamos estudar a situação.*

Aproximamo-nos do coronel Honório que estava na varanda dando ordens a um feitor. Ângelo o examinou e logo encontrou uma solução.

— *Observe, Augusto, o estômago do seu pai. Tente, queira ver dentro dele.*

Tentei e vi, mas não entendi nada.

— *O estômago do seu pai não está sadio. Ele tem uma úlcera. Vamos levá-lo a senti-la. Quem sabe a dor o faça mudar de ideia.*

Ângelo foi à cozinha e pediu mentalmente às cozinheiras que fizessem alimentos fortes, para provocar irritação e reação da doença no estômago dele. Foi prontamente atendido. Meu pai naquele dia fez uma refeição apimentada e bebeu um suco ácido. Ângelo também colocou uma substância no seu alimento. Despediu-se recomendando:

— *Augusto, não se preocupe se ele tiver uma crise, não será fatal. Confiemos que nossa tentativa vai dar resultado. Porém, se ele quiser fazer mesmo o que planeja, ninguém conseguirá impedir. Faço isto, Augusto, por você, para que tentemos evitar um crime. Talvez o coronel perceba que não é tão jovem assim, nem tão sadio e sinhá Decleciana pode ser tão dedicada que fará com que ele mude de ideia. Pude fazer isto, porque já existe a doença que logo ia mesmo se manifestar.*

O coronel começou a passar mal à noite, vomitou, sentiu dores. E a esposa dedicada ficou ao seu lado, dando-lhe chá e o acariciando. A crise durou muitos dias, o que o levou a ficar acamado.

Palco das encarnações

Depois de dias, sentindo-se melhor, foi vistoriar o engenho, ao andar uns minutos a cavalo, vomitou e passou mal. Sinhá Decleciana se desdobrou em cuidados e atenção. E foi com alívio que li seus pensamentos.

"Acho que não sou o mesmo de antes. Estou doente e talvez morra logo. Imagina casar de novo! Como vou criar filhos, velho e doente? Depois, onde achar uma esposa tão dedicada e atenciosa? Acho que gosto mesmo de Decleciana. Não saberia viver sem ela. Agora, somente os netos."

Meu pai, o coronel, melhorou da crise, mas a doença nos ajudou, ele foi se tornando mais maleável.

Naná continuava trabalhadeira e amorosa com os filhos. Às vezes lembrava de mim com saudades, mas a certeza de que eu estava bem a tranquilizava. Vi seu passado, para que pudesse entender o porquê de ela estar ali servindo a casa-grande como escrava.

Naná, na encarnação anterior, nasceu na França, de família de classe média. Casou-se por interesse com um senhor rico, mais velho que ela e feio. Logo começou a esbanjar o dinheiro do marido. E este, por fatalidade, com a esposa gastando em excesso e por maus negócios, arruinou-se. Naná, certamente tinha outro nome, largou o esposo e foi ser uma prostituta de luxo. Tinha horror à pobreza e ao trabalho. O marido morreu de desgosto, só e abandonado. Ela teve muitos homens aos seus pés e sempre tratou mal os seus servos. Era exigente e orgulhosa. Desencarnou, sofreu, reconheceu seus erros. Arrependeu-se e quis reencarnar tendo uma vida simples, onde fosse serva e pobre para poder aprender a ser humilde e trabalhadeira. Assim veio a ser uma escrava e, para minha alegria, Naná aprendeu a trabalhar e a ser humilde. Dois fatores importantes para o crescimento do espírito.

Entre encarnados

Aprendi a amar Naná, mas eram os senhores que me preocupavam. Eram eles que a meu ver necessitavam de ajuda. Porque Naná colhia de sua má plantação, mas também plantava o bem que lhe daria bons frutos mais tarde. Os senhores plantavam somente a má semente e a colheita estava por vir.

— Ainda bem que temos outras oportunidades — dizia sempre —, pelas reencarnações, resgatamos, reparamos os erros e crescemos!

CORONEL CÂNDIDO

Quando encarnado como sinhozinho Augusto, tinha medo do meu tio Cândido. Ele tinha ataques, contorcia todo o corpo, era nervoso e mau. Como Gusto, via-o somente de longe. Agora novamente meu tio me chamava atenção. Um dia, quando visitava o engenho de meu pai, coronel Honório, vi com meu tio dois obsessores, ex-escravos. Tentei me aproximar dos dois e ser simpático a eles. Olharam-me examinando, achando-me inofensivo, até me receberam bem.

— *Você é um ex-escravo?* — indagou um deles.

— *Sou.*

— *Você está aqui para se vingar?* — quiseram saber.

— *Não, estou só observando.*

— *Se quiser algumas dicas para se vingar é só falar conosco* — disse o outro que me olhou sorrindo. — *Temos sempre o prazer de ensinar como se faz uma vingança.*

— *Vocês ajudam outras pessoas a se vingarem?* — perguntei para manter a conversa.

— *Ensinamos somente* — respondeu o que falou comigo primeiro. — *Não temos tempo, nosso trabalho nos absorve as vinte e quatro horas do dia. O coronel Cândido nos ocupa o tempo todo. Mas damos um jeitinho para ensinar aos interessados como se faz, principalmente aos nossos irmãos de cor que querem se vingar dos brancos.*

— *Ensinam também os brancos a se vingarem de negros?*

— *Claro que não, os negros são sempre as vítimas, não acha?* — perguntou o mais forte deles.

— *Sim, acho* — falei não querendo questionar. — *Vocês dois estão aqui para se vingar?*

— *Sim, temos este prazer* — respondeu o outro.

— *Sentem prazer mesmo? São felizes?*

Aquietaram-se por um momento, temi ter sido indiscreto. Queria conquistá-los, tê-los como amigos. Mas um deles respondeu:

— *Não sei se sou feliz. Já sofri tanto! Mas sinto prazer em fazer ele sofrer. Ficaremos com ele até que acabe nosso ódio.*

— *Vocês são a causa dos seus ataques?* — indaguei assustado.

— *Claro! Que pensa de nós? Não somos bobos, somos ativos e aprendemos a obsediar.*[1] *Acha que não somos capazes? Fica aqui e veja!*

Chegaram perto de tio Cândido, que já começou a inquietar-se. Um dos obsessores era mais baixo e magro, o outro forte, de ombros largos. O segundo tinha nas mãos um fio, uma linha grossa e forte que passou em redor do pescoço do coronel Cândido, apertou e puxou. O outro ficou de frente a ele e olhou bem em seus olhos. Tio Cândido começou a se debater. Meu pai colocou uma almofada embaixo de sua cabeça e tentou

---
1. N.A.E. Usaram outro termo, mas eles realmente obsediaram e com o tempo passaram à subjugação.

Coronel Cândido

segurá-lo. Tio Cândido falava baixo em tom rancoroso, os encarnados não entendiam, mas eu sim, embora não o ouvindo bem, entendi o que dizia como se lesse seus pensamentos. Dizia com ódio:[2]

— Negros sujos! Mate-os! Odeio-os! Vão me pagar.

Também dizia muitos palavrões. Entendi que a obsessão daqueles dois era assim possível, porque os três vibravam igual, com ódio.

Os dois, depois de alguns minutos de tortura, afastaram-se de perto de tio Cândido sorrindo satisfeitos. Este logo melhorou, embora sentisse dores pelo corpo todo. Deitou-se e meu pai mandou que lhe servissem um café bem forte. Os dois irmãos não comentaram a crise sofrida e como se nada tivesse havido voltaram ao assunto de negócios. Tio Cândido não lembrava de nada. Quando tive oportunidade, indaguei Ângelo sobre o que presenciei. Ele me explicou que, durante o ataque, o espírito do meu tio via os dois inimigos, levemente desligado do corpo, que é quase o mesmo processo de quando se fica desligado pelo sono. De volta à normalidade não lembrava de nada. Mas sentia uma forte sensação de que era perseguido.

Os dois novamente aproximaram-se de mim orgulhosos da façanha. Um deles se gabou:

— *Então, o que achou? Gostou?*

— *Estou pasmado!*

Ficaram contentes.

— *Sou Diogo* — apresentou-se o mais baixo.

— *Sou Maufio* — disse o que era forte, batendo o fio na mão.

Certamente Maufio era seu apelido, mas não me atrevi a perguntar seu nome. Diogo virou-se para mim:

---

2 N.A.E. Nem todas as pessoas que têm ataques parecidos com este são obsediadas. Cada caso é um caso.

Palco das encarnações

— *E você, como se chama?*

— *Augusto... Vamos lá no terraço conversar?*

— *Podemos ir. Vamos sentar aqui, assim posso ver o coronel maldito.*

Os dois irmãos estavam na sala, o terraço ficava a alguns passos. Sentamos na mureta. Diogo acomodou-se em frente à janela que dava para ver bem o coronel Cândido.

— *Vocês são simpáticos* — tentei agradá-los. — *São daqui deste engenho?*

— *Quando encarnados vivíamos no engenho do coronel Cândido, agora, estamos onde ele está.*

— *Vocês o odeiam muito, não é mesmo? O que ele fez a vocês?*

— *É uma longa e triste história* — suspirou Diogo.

— *Por favor, contem-na para mim. Estou curioso.*

— *Gosto de falar do passado. Isto aquece minha raiva* — disse Maufio. — *Você quer mesmo escutá-la?*

— *Quero.*

Maufio começou a narrar, às vezes Diogo interferia.

Os dois tinham sido escravos do meu avô na época em que tio Cândido era solteiro. Meu avô era tido como um senhor razoável com os escravos. Este razoável para os brancos era um senhor que tolerava os excessos dos escravos, para os negros, um senhor justo. Mas tio Cândido desde moço era farrista, seduzia negras e era um jogador. Era diferente do meu pai, que tinha horror às negras e nunca tivera contato com elas. Uma vez meu tio, a mando do pai, foi vender um carregamento de açúcar e levou com ele dois empregados e os dois escravos, Diogo e Maufio. Tudo foi normal na ida. Ao vender a mercadoria e receber o dinheiro, coronel Cândido mandou os dois empregados voltarem na frente para o engenho para avisar o pai de que tudo dera certo e ficou para trás com os dois escravos. Os dois só eram amarrados para dormir, não pensavam em fugir, tinham famílias no engenho e eram tidos como bons escravos e obedientes.

O coronel Cândido passou numa vila, num lugarejo pitoresco, jogou cartas a tarde toda e perdeu todo o dinheiro da venda da mercadoria. Temeu o pai e fez um plano. Saiu da vila com os escravos e acampou para dormir. Porém não amarrou os escravos e Diogo indagou:

— Sinhozinho, não vai nos amarrar?

— Não, durmam à vontade. Vou deixá-los livres e se forem espertos poderão até fugir.

Os dois riram, pensando que o coronel brincava. Cândido ficou acordado esperando que os dois fugissem, mas eles dormiram pesado, estavam cansados. Então, ele levantou devagar, montou no seu cavalo, soltou os outros dois animais, os que os escravos usavam, e saiu com cuidado deixando-os dormindo. Foi rápido para o engenho. Viajou a noite toda e chegou em casa ao meio-dia. Estava cansado e foi logo explicar ao pai a história que inventou. Que os dois escravos fugiram aproveitando o descuido dele e lhe roubaram todo o dinheiro.

Os dois escravos, ao acordarem pela manhã, não viram o coronel, pensaram no início que estava ali por perto. Esperaram um tempo, depois foram procurá-lo e então notaram a falta dos cavalos. Temeram. Trocaram ideias assustados. Que teria acontecido? Teria alguém roubado o coronel e os cavalos? O sinhozinho teria ido a algum lugar? Não sabendo o que fazer, resolveram voltar para o engenho a pé.

Mas o pai do coronel Cândido logo reuniu seus homens e o capitão do mato da região, que se puseram em busca dos dois escravos que julgavam foragidos e ladrões. Acharam-nos

Palco das encarnações

à noite e, sem entender o que se passava, os escravos se viram presos e levados ao engenho onde foram amarrados no tronco.

A tortura começou, chicotadas, ferros embaixo das unhas, foram marcados com ferro quente, extraíram-lhes os dentes. O pior é que as famílias dos dois assistiram tudo, desesperadas. O sofrimento foi enorme. Queriam que confessassem onde estava o dinheiro. Onde eles o esconderam, o que fizeram com ele. Os dois não sabiam, diziam isto em juramento, mas eles não acreditavam. A palavra deles nada valia contra a de um sinhô.

Mas o coronel Cândido acabou se comovendo, ato do qual se arrependeu mais tarde, foi ao pai e confessou seu roubo, por não aguentar o choro da mãe dos escravos. O pai no momento não lhe falou nada, depois fez um sermão, então Cândido se arrependeu. Que lhe importava dois escravos sem alma? Os dois negros deveriam ficar felizes por pagar por um erro de um branco. Meu avô, após a confissão do filho, mandou soltar os dois imediatamente e ordenou que cuidassem deles. O velho coronel ficou comovido com a situação dos dois escravos, foi visitá-los e deu liberdade a eles e às famílias, mulheres e filhos, e também lhes deu uma boa quantia em dinheiro. Pediu com sinceridade perdão a eles e os dois o perdoaram. Foram tratados com toda a atenção e cuidado, mas não resistiram aos ferimentos e desencarnaram. Depois de um certo tempo, perturbados com a morte física, os dois melhoraram com ajuda dos bons espíritos, mas rejeitaram o auxílio oferecido. Foram vagar pelo Umbral.

As famílias dos dois foram para a vila e compraram uma casa. Trabalhavam quase todos num armazém e estavam bem. Maufio e Diogo voltaram a atenção para Cândido e sentiram que este os odiava como a todos os negros. Desejaram se vingar dele, mas não sabiam como. Então foram ter com espíritos maus que os levaram para um local onde ensinavam a obsediar. Este local com o tempo passou a ser Escola de Vingadores. Depois de aprender, vieram para perto de tio Cândido. E, como já disse, encontraram ressonância em seu ódio.

— *Lembro como se fosse hoje das dores, das humilhações que passei, sinto o cheiro da minha carne queimada, o sangue escorrer pelo meu corpo* — finalizou Diogo.

Abracei-os e choramos os três. Por segundos ficamos unidos. Mas Maufio logo se recompôs.

— *Nada de choradeira! Somos homens e estes não choram, vingam...*

— *Ou perdoam...* — completei.

Olharam me examinando:

— *Que disse?* — indagou Maufio.

— *Grandes homens perdoaram, Jesus...*

— *Jesus foi branco.*

— *Tem certeza? Pode ter sido negro. Para Ele isto não importava, disse várias vezes que éramos todos irmãos.*

— *O que Jesus foi não nos interessa* — falou Maufio. — *A religião do Cristo é para os ricos e brancos.*

— *Enganam-se, Deus é Pai de todos. Sobrevivemos igualmente depois do corpo carnal ter morrido. Deve saber que por muitas vezes revestimos um corpo carnal e vocês devem ter sido brancos e ricos.*

— *Pensei que você fosse um dos nossos! Vejo que me enganei* — Diogo se irritou. — *Não precisa vir com sermões. Os vingadores nos instruíram deste falatório, você já encarnou, já foi isto, aquilo etc. O que importa é o momento e para nós o presente é vingança. E que você não tente impedir.*

Palco das encarnações

— *Vamos lhe dar uma lição...* — determinou, com ódio, Maufio. — *Cadê você? Sumiu? Está com medo?*

Tive de mudar minha vibração e por isto eles não me viram mais.

Tentei ajudá-los, tive pena deles, sofreram tanto e perdiam tempo com vingança, paravam no caminho. Se perdoassem poderiam vir para o Plano Espiritual melhor, ser felizes e ter paz. Porque quem não perdoa não conhece a paz. Certamente tudo o que sofreram tinha explicação. Tentei ver o passado deles e não consegui, eles se fecharam e passaram a me evitar; como insisti, voltaram-se contra mim com ódio.

Na primeira oportunidade, pedi ajuda a Ângelo. Meu amigo tentou conversar com eles, mas nem quiseram ouvi-lo.

— *Não falamos com brancos!* — decidiu Diogo.

Ângelo trouxe um amigo, espírito bondoso, instruído, que lecionava na colônia. Chamava-se Vitor, era negro. Quando Vitor chegou ao engenho de tio Cândido logo os dois curiosos se aproximaram. Vitor conversou animado com eles, contou que foi escravo, que sofreu, mas bendizia o sofrimento que o despertou para o bem.

Quando ele falou isto, os dois não gostaram. Diogo questionou:

— *Então você é um dos bobos, que sofreu, perdoou e vem encher os que não pensam como você. Que faz aqui? Chamamos você? O carrasco, o maldito do coronel o chamou? Está aqui de abelhudo!*

— *Vocês dois são meus irmãos e no momento estão carentes de esclarecimentos. Se permitirem, levo-os para uma visita ao lugar onde moro. Não querem?*

— *Claro que não* — respondeu Maufio. — *Sabemos também desta investida, desta enrolação. Pensa que somos bobos?*

Coronel Cândido

Fomos instruídos direitinho pelos nossos amigos em como lidar com vocês, os bonzinhos. Saia daqui, por favor!

— Saia já — repetiu Diogo.

Vitor saiu, reunimo-nos no pátio e ele me esclareceu:

— *Augusto, quando o necessitado nega ser auxiliado, torna-se impossível realizar a ajuda. Se o obsediado, o coronel Cândido, pedisse esta ajuda com fé e fizesse jus para merecer, ficaria livre destes dois inimigos, talvez pudéssemos levá-los mesmo sem querer. Mas, como vê, os três estão unidos pelo ódio e este sentimento tem nó forte, não desmancha facilmente. O tempo se encarregará de suavizar a dor e de ensinar.*

— Vitor, obrigado por ter tentado. Vou sempre que possível tentar alertá-los para o bem.

— *Isto, faça-o sempre com amor.* — Vitor me abraçou e despediu-se.

Coronel Cândido estava sempre seduzindo escravas adolescentes. Estava de olho em Mariazinha, uma menina de treze anos. A garota assustada tinha-lhe verdadeiro horror. Mariazinha gostava de um escravo mais velho que amava outra moça. Coronel Cândido não gostava de ter as negras à força, elas tinham de ir ter com ele querendo. Mas, para que elas quisessem, às vezes eram castigadas. Como aconteceu com Mariazinha, que levou vinte chicotadas e ficou amarrada no tronco. Mas o coronel mandou que as chicotadas fossem dadas de leve para não marcá-la.

Chorei. Bem que me avisaram que não seria fácil estar ali, ver sofrimentos, erros e não poder interferir. E nem se quisesse ajudar não conseguiria, todos temos o livre-arbítrio, não tinha como interferir. Então fiquei orando perto dela, tentando doar bons fluidos. Mariazinha estava amarrada com uma corrente comprida.

Quando as negras ficavam grávidas do coronel Cândido, ele as fazia abortar lhes dando chá de ervas venenosas, e foram muitas que desencarnaram por este motivo. Mas as que não abortavam tinham os filhos e para ele não havia diferença, eram todos escravos.

Vimos uma cobra, Mariazinha e eu. Era venenosa, aproximava-se devagar do tronco. Pedi mentalmente a ela que ficasse quieta. Ela ficou quieta e esperou que o animal se aproximasse, aí ergueu a mão como se fosse dar um tapa na cabeça do animal. A cobra a picou. A menina pareceu nem sentir a picada, continuou quieta e triste.

— *Por que fez isto? Por que, Mariazinha?* — perguntei.

Li seus pensamentos.

"Gritar para quê? Não iriam me soltar. Não iriam acreditar. Pensariam que grito para sair do castigo. Acho que foi Deus que mandou esta cobra me picar. Deus também criou esta cobra, todos os animais. Que seja feita a vontade Dele. Como bom Pai, creio que Deus me quer ao seu lado. Aqui sofro tanto!"

Suspirei aliviado. Temi que ela tivesse feito de propósito. Mas Mariazinha se assustou e por instinto, por medo, levantou a mão como se fosse se defender da cobra. Logo Mariazinha começou a agonizar, sua resignação a fez ficar serena e tranquila. Não demorou muito e uma equipe de três socorristas veio para desligá-la, tirar seu perispírito do corpo que morria. O processo de desligamento não demorou, levaram-na adormecida.

Um feitor, fazendo a ronda, veio vê-la e, ao perceber que desencarnara, foi rapidamente chamar o coronel. Este veio em seguida.

— Quem a matou?! — perguntou o coronel zangado. — Quem foi que a chicoteou? Não ordenei que as chicotadas fossem leves?

— Coronel, foi uma cobra! Vê o sinal na mão esquerda dela.

— Maldita cobra! Entrega o corpo à família para que a enterre!

Diogo e Maufio estavam com o coronel e eu perguntei a eles:

— *Cadê vocês que não conseguem intervir nesta maldade? Por que não tentam fazer dele um senhor melhor para os escravos?*

— *Pensa que esta peste do coronel faz o que ordenamos? Ele tem personalidade forte. Mas vamos conseguir dominá-lo. Depois, quanto mais maldades ele fizer, teremos mais facilidade para conseguir nossos objetivos. Pensa que ficará impune desta morte?*

O coronel voltou à casa-grande e os dois foram atrás. Visitei Mariazinha logo que foi possível, ela estava muito feliz na colônia, perdoou e iria logo estudar como era do seu desejo.

Os dois, Diogo e Maufio, tomaram raiva de mim, não quiseram me escutar mais. Se me aproximava, eles corriam para perto de tio Cândido e o faziam ter uma crise. Assim, não me fiz mais visível para eles, orava muito pelos dois. Sentia piedade deles. Escolheram o pior caminho, o da vingança, que os fazia estacionar, ferir e serem feridos; faziam sofrer, mas sofriam juntos e estavam ligados pelo ódio àquele que foi a causa de tanta dor.

"*Ah, se eles conseguissem entender que ninguém merece tanto ódio! Que o amor é paz e harmonia e nos leva a ser mais felizes!*" — pensei, vendo-os de longe.

Belinda, minha prima, filha de tio Cândido, começou a namorar escondido um mascate. Um homem bem mais velho que ela.

Os filhos de tio Cândido eram tidos na redondeza como pessoas esquisitas. Matias, o mais velho, vivia trancado na biblioteca entre livros, não se interessava por nada. Amava muito a mãe, a tia Madalena. Nunca namorou ou teve mulheres. Era indiferente com os negócios, também o pai não permitia intervenção. Tio Cândido estava esperando ele fazer trinta anos para casá-lo.

Belinda era magra, tinha boca grande e dentes pequenos, era tímida e sonhadora. Os irmãos não gostavam do pai, mas temiam-no muito.

Preocupei-me com o namoro de Belinda. Justino, o mascate, vendia suas mercadorias na vila e assediou Belinda com bilhetes, cartas apaixonadas e esta passou a se encontrar com ele perto da vila numa casa abandonada.

Procurei ver quem era Justino, descobri que na verdade ele se chamava Manoel e foi na juventude um namorado de tia Madalena. Os dois eram apaixonados, mas ela fora prometida ao tio Cândido e acabou casando; teve medo de fugir com o namorado. Manoel era filho de um dos empregados do pai de tia Madalena. Com o casamento da amada, ele ficou desesperado e foi embora dali jurando se vingar. Numa cidade maior conseguiu dinheiro, comprou muitas mercadorias e saiu vendendo pelo interior. Agora estava ali com planos de vingança.

Tentei alertar Belinda. Até fiz com que sonhasse comigo e lhe pedi cautela. Nada adiantou, Belinda estava enamorada, acabou se entregando a ele e ficou grávida. Justino, ou melhor, Manoel, achando-se vingado foi embora deixando minha prima desesperada. Temi que Belinda se matasse. Fiquei ao seu lado, tudo fiz para que tirasse esta ideia da cabeça. Tia Madalena percebeu o estado da filha e indagou-a. Dei coragem para Belinda falar, ela contou tudo à mãe.

— Que tristeza, minha filha, vou ajudá-la, estarei do seu lado.

— A senhora enfrentará meu pai?

— Por você, sim. Não se desespere, sei como lidar com ele. Confie em mim.

Belinda ficou mais calma e naquela noite dormiu tranquila. Tia Madalena contou ao tio Cândido, porém modificou o ocorrido:

— Cândido, meu marido — disse ela —, lembra aquele dia que mandou Belinda na vila para buscar seu remédio?

Meu tio respondeu mal-humorado como sempre:

— Claro que me lembro! Você me criticou por mandá-la sozinha.

— Pois é, naquele dia nossa menina foi estuprada.

— Quê?! Quem ousou? Quem foi o canalha?

— O mascate Justino que esteve na vila.

Meu tio falou inúmeros palavrões.

— Mas o pior... — lamentou tia Madalena chorando.

— Tem pior?!

— Ela está grávida!

— Que desgraça...

Ele teve um ataque de ódio, xingou, esbravejou, esmurrou paredes e móveis. Passando a raiva, achou uma solução.

— Não quero vê-la até que a criança nasça. Belinda ficará no quarto trancada e não poderá sair; para todos diremos que ela foi passar uns tempos com seus tios. Eles moram longe mesmo e ninguém ficará sabendo. Somente você e uma escrava que escolher poderão vê-la. Esta escrava não deve falar nada, senão morrerá. Belinda terá a criança e darei sumiço nela. Agora vá e fale a Belinda o que eu decidi.

Belinda ficou aliviada.

— E meu filho? Será que meu pai vai matá-lo?

— Não creio. Temos tempo até que a criança nasça. Até lá, encontraremos uma solução.

Belinda para minha alegria desistiu do suicídio. Mas coronel Cândido não deixou a afronta por isto mesmo. Chamou dois dos seus jagunços, homens maus e violentos, e deu a ordem:

— Vão atrás do Justino, o mascate, matem-no e me tragam uma prova, terão por isto um bom pagamento.

O preço combinado era alto e os dois saíram contentes para obedecer a ordem. Dias depois os jagunços retornaram com um dedo e uma orelha de Justino. O mascate desencarnou, perturbou-se, porém ficou em espírito ligado aos seus assassinos. Veio para o engenho com os dois, logo Diogo e Maufio ajudaram-no, contaram o ocorrido e este ficou no engenho para se vingar dos dois jagunços e do coronel que há tempos odiava.

Belinda no momento certo teve uma filha e tio Cândido a deu para um dos seus empregados criá-la, porque a mulher deste empregado teve um filho no mesmo dia e para todos no engenho ela teve gêmeos.

Às escondidas Belinda ia ver a criança, que era linda. Mas, quando a menina fez oito meses, houve uma febre no engenho que matou muitas pessoas, entre elas as duas crianças. Belinda ficou muito triste.

O engenho de tio Cândido era sujo, os escravos viviam na miséria, por isso houve tantas mortes com a gripe que naquele tempo era chamada por outro nome. O coronel Cândido, mesmo contra a vontade, teve de melhorar a vida de todos, moradia, alimento, com medo de novas mortes e mais prejuízos.

E quanto a Belinda o pai resolveu que ficaria solteira, não queria dar em casamento uma filha que não era virgem. Minha prima resignou-se. Ela era prometida a um moço que estudava na Europa. Nem o conhecia, mas queria casar-se para

Coronel Cândido

ficar livre do pai. Coronel Cândido logo que soube da gravidez da filha desfez o compromisso com o pai do noivo. A família do pretendente sentiu-se aliviada, não gostava do coronel e não queria uma moça tão feia e esquisita para esposa do filho prendado e estudioso.

Chegou no engenho um grupo de cinco desencarnados, três homens e duas mulheres que tinham ido estudar com os maus no Umbral para aprender a obsediar. Agora, sentindo-se aptos, voltavam para vingar-se. Diogo e Maufio alegraram-se e receberam os novos amigos com festa. Fiquei perto do grupo sem que eles me vissem. Cada um tinha uma triste história para justificar o ódio que sentiam. Para mim, para nós cristãos, não existe nada que justifique uma vingança. Porém para os que se vingam sempre há uma desculpa com que tentam justificar seu erro, porque não perdoar, vingar, é um erro. Uma das mulheres, ex-escrava do meu tio, muito sofreu no engenho, mas a mágoa maior era o que ele fizera com sua filha adolescente, seduziu-a, depois quando ficou grávida fez com que abortasse e ela desencarnou. Esta mulher não viu mais a filha e nem sabia dela. Todo seu ódio estava voltado ao coronel. Outro desencarnou no tronco só porque roubou pão da cozinha da casa-grande. Todos se queixavam, aumentando o ódio. Com reforço, Diogo e Maufio começaram a dominar cada vez mais tio Cândido.

Eu estava sempre no engenho de tio Cândido. Gostava de tia Madalena e Belinda. Tentava, dentro das minhas possibilidades, ajudar a todos e o pouco que fiz me deu gratas alegrias.

TIA HELENA

Um dia, no engenho de meu pai, vi uma desencarnada, uma senhora distinta, branca e muito bonita. Aproximei-me timidamente e a cumprimentei.

— *Boa tarde, senhora!*
— *Boa tarde, menino!*

Olhou-me e sorriu. Indaguei:

— *Está a passeio por aqui?*
— *Visito meus familiares.*
— *Familiares?* — perguntei surpreso. — *Como se chama?*
— *Helena.*
— *Tia Helena!*

Olhou-me bem, examinando-me.

— *Chamou-me de tia? Parece que o conheço, sinto-o familiar, mas não consigo saber quem é.*
— *Antes de revestir o corpo negro, fui branco, Augusto, o filho mais velho do coronel Honório.*
— *Meu sobrinho Augusto, que prazer!*

Abraçou-me com carinho.

Palco das encarnações

— *Que faz aqui?*
— *É uma longa história.*
— *Conte-me, por favor* — pediu ela.

Narrei tudo e terminei falando o motivo que me fazia permanecer ali.

— *Você é corajoso! Que bom saber que alguém tenta ajudar meus irmãos.*
— *A senhora, tia, me parece diferente deles.*

Tia Helena estava bem espiritualmente, harmoniosa e equilibrada. Depois de alguns minutos de silêncio tia Helena contou:

— *Desde a infância que nada tenho a ver com meus familiares, tachada de esquisita, eles temiam que eu fosse desequilibrada.*
— *Por ser boa?* — indaguei.
— *Talvez.*

Sorriu com humildade. Podia bem entender, ela, boa e humana, não era aceita pela família onde todos, egoístas, pensavam diferente. Mas mudei o rumo da conversa.

— *Tia, onde mora agora?*
— *Na Colônia Harmonia, fica no Plano Espiritual do lugar onde desencarnei. Trabalho há algum tempo com crianças do Educandário. Amo muito o que faço. Amo as crianças!*
— *A senhora não teve filhos?*
— *Encarnada não os tive, mas agora tenho muitos, todas as crianças do Educandário são meus filhos pelo amor* — respondeu sorrindo.
— *Vem muito aqui?*
— *Não, raramente os visito. Tenho orado muito por todos, não me sinto capaz, como você, para tentar ajudá-los. Amo-os e me preocupo com eles, mas não sei como auxiliá-los.*

Tia Helena

Tia Helena tinha horário para partir. Mas prometeu voltar e quando o fazia era motivo de alegria para mim. Conversávamos muito. Um dia, ela me contou sua história:

— *Sou a caçula da família, desde criança tinha desmaios. Agora, desencarnada, sei que era médium sonambúlica. Nestes desmaios eu falava o que as pessoas presentes pensavam, os segredos delas, dava recados dos mortos, isto é, dos desencarnados. Acordava e não lembrava de quase nada, tinha sempre, após estes desmaios, dores de cabeça. Via muitos espíritos, que diziam ser almas penadas, escutava-os e tinha muito medo. Principalmente porque diziam que era por obra do demônio que tinha aquelas crises. Fui levada a padres, até a um bispo, mas nada de melhorar.*

Por falar inconveniência aos familiares e para as visitas, recebi muitos castigos e levei surras do meu pai. Todos tinham medo de mim. Depois que meu avô Anselmo desencarnou, eu tinha dez anos, vovó Adélia veio morar conosco, eles eram meus avós maternos. Só vovó Adélia me entendia e ela passou a me compreender depois que lhe dei recados do vovô, seu marido falecido. Vovô Anselmo me aconselhou a evitar dizer qualquer coisa estranha para as pessoas. E que, quando sentisse que ia desmaiar, corresse para o quarto. Passei a fazer isto e evitei assim os castigos e as surras.

— *Pela redondeza* — continuou tia Helena a contar — *todos sabiam dos meus desmaios, todos me julgavam doente. Estava com dezessete para dezoito anos e ninguém pela região se atreveu a pedir minha mão em casamento.*

Meus pais haviam feito no ano anterior uma viagem para a Europa, onde conheceram um senhor e se tornaram grandes amigos. E, naquele ano, em novembro, recebemos em casa a visita deste senhor que residia no sudeste do Brasil, era fazendeiro, plantador de café. Veio ficar alguns dias conosco junto com o filho Leonel Tetrarco, moço bonito, cativante, e que se interessou por mim. Tetrarco, como era chamado, tinha quase trinta anos, era solteiro e tudo fez para ser agradável, era instruído e educado. Os nossos pais aprovaram a escolha. Meu pai queria que eu casasse e pensou que, com um moço de longe que desconhecesse meu problema, tudo seria mais fácil. A visita foi prorrogada e Tetrarco me pediu em casamento. Não sabia se o amava, sentia-me atraída por ele, nunca ninguém me dera tanta atenção e aceitei sem pensar muito. Foi marcado o casamento para logo e em quinze dias estava casada. Partimos logo em seguida, meu sogro, Tetrarco e eu com os empregados, uma pequena patrulha que nos defenderia dos possíveis ladrões e escravos fujões. Fiquei triste em deixar o engenho, despedi-me de todos com aperto no coração, principalmente por minha mãe que estava adoentada e por vovó Adélia que me compreendia e me amava.

A viagem foi cansativa e longa, fomos parando em vilas e cidades, chegamos até a pernoitar ao relento. Meu marido era sempre gentil, mas tinha algo nele que me dava medo: os olhos cínicos e frios.

Tetrarco morava, antes de casar, sozinho, numa fazenda grande e bonita. Meu sogro morava perto, em outra fazenda, e era viúvo. Meu marido tinha quatro irmãos, todos possuíam fazendas prósperas na região. Eram propriedades grandes e não ficavam perto uma da outra. Tetrarco tinha um cunhado, Basílio, com quem há tempos se desentendera e não conversava, não o conheci nem à irmã de Tetrarco casada com Basílio. A outra

Tia Helena

irmã era solteira e morava com uma tia na cidade, perto da fazenda. Ela vinha sempre nos visitar e nós a elas. Chamava-se Adelaide, era chata e intrometida. Quando vinha à nossa casa dava palpites e era irônica.

Meu novo lar me encantou. A casa era grande, confortável e com bonitos móveis. Na fazenda havia muitos escravos, eram tratados de maneira diferente do que no engenho do meu pai. Ali eram muito bem tratados, moravam em casinhas com as famílias, eram bem alimentados, vestiam roupas boas, eram saudáveis e alegres; trabalhavam bem menos, não havia fugas nem castigos. Para o meu espanto, Tetrarco me explicou:

— Pessoas felizes trabalham mais e melhor. Não gosto de castigos. Sou macho, não aceito amarrar um e colocar outro para bater. Escravo que me dá problema, vendo. E, como vê, estes pobres-diabos são felizes com pouco, gostam daqui, é muito difícil ter problemas com eles.

Logo fiz amizade com duas escravas, duas negras da casa-grande. Mãe Benta, que tinha cinquenta anos e fora babá de Tetrarco, era como governanta da casa, e Nara, uma jovem que passou a ser minha camareira. Gostava delas e elas de mim.

Foi depois de três anos que voltei ao engenho do meu pai, minha mãe e vovó Adélia tinham desencarnado e meu pai doente queria me ver. Tetrarco me levou porque meu pai queria me dar minha parte da herança. O engenho não era mais o mesmo, tudo me pareceu diferente, ficamos poucos dias. Meu pai deu ao Tetrarco minha herança em dinheiro, ele repartiu as terras com os outros filhos, Honório, Cândido e Teodora. Tive, logo que cheguei ao engenho, uma visão. Vi meu pai morto, compreendi que ele ia logo desencarnar. Despedi-me dele com um forte abraço. Mas fiquei preocupada com o que meu irmão Cândido disse:

— Helena, cuidado com seu marido, fiquei sabendo que ele não é flor que se cheire.

De volta à fazenda tudo me pareceu normal. Só que Tetrarco queria filhos e começou a ficar impaciente por eu não ficar grávida. Levou-me a médicos, benzedeiras, tomei chás e mais chás. Tudo que me foi mandado, recomendado, fazia e comecei a me desesperar por não ficar grávida.

Continuava a ter meus desmaios, mas com menos frequência, quando sentia que ia tê-los corria para meu quarto. Mãe Benta e Nara me acudiam e, como pedi segredo a elas, nunca estas duas amigas comentaram. Lia alguns pensamentos e sabia de alguns acontecimentos, mas nada falava.

Desde a adolescência tinha dois sonhos que se repetiam sempre. Eram pesadelos que me faziam acordar assustada e às vezes aos gritos. Minha sorte era que Tetrarco tinha sono pesado, por poucas vezes o acordei e ele não deu importância a este fato.

Num dos sonhos, me via numa floresta, numa noite de tempestade, escondida atrás de uma árvore esperando por alguém. Via-me como homem, sentia que fora homem. Então uma pessoa passava apressada, era ele que eu esperava, não tinha ódio, mas sabia que tinha de matá-lo. Atacava-o com uma faca deixando-o se esvair em sangue. Sujava as mãos de sangue que não saía, gritava apavorada e sempre acordava em desespero.

No outro sonho me via como mulher, com trinta anos, vestida à moda antiga. Andava numa carruagem de aluguel, descia em um lugar estranho, entrava numa casa afastada e uma senhora me dizia:

— Você de novo? É a terceira vez este ano. Não vai criar juízo? Se seu pai descobre, vai morrer de vergonha.

O que se passava naquela casa não via, mas sentia que ia fazer um aborto. Depois saía da casa sentindo fraqueza e dores. Ia para minha casa, era pobre e meu pai estava me esperando. Ele estava doente, acamado, nos estimava bastante. Depois sentia-me mal, ficava doente, delirava e desencarnava. Às vezes acordava quando desencarnava, outras vezes ainda escutava uma voz me advertir:

— *Você perdeu o direito de ser mãe! Enquanto não tiver capacidade para esta missão sublime, não terá filhos!*

Não entendia bem estes sonhos, mas sentia que eram pedaços de minha vida. Nunca ouvira falar em Reencarnação, para mim só vivíamos uma vez na Terra. Mas pensava bastante se aqueles sonhos não tinham a ver com minha vida, de não conseguir ter filhos e do meu medo pavoroso de tempestades.

Um dia, escutando a conversa de algumas negras, fiquei sabendo que Tetrarco tinha um tio cuja esposa não lhe dera filhos e ele a matou. Fiquei com tanto medo que até perguntei a ele se era verdade. Tetrarco não me respondeu, sorriu com seu modo cínico. Nunca amei Tetrarco, temia-o, embora ele sempre me tratasse muito bem.

Uma vez ele viajou, viajava muito, me deixando na fazenda como sempre fazia. Deu uma tempestade horrível, quase morri de medo. Depois, quando passou, olhei pela janela e vi o dano que a tempestade causou na fazenda. Destelhou as casas dos escravos e de alguns empregados, derrubou árvores e cercas.

— *Sinhá Helena* — *opinou Mãe Benta* —, *precisa dar ordens. A tempestade fez estragos e Celso, o capataz, não sabe que fazer diante deste acontecimento.*

— *Dar ordens? Tenho medo* — *assustei.* — *Não sei o que devo fazer.*

— Faz o que achar justo. A sinhá tem de dar ordens. A fazenda não pode ficar assim até o sinhô voltar. Celso está vindo. Dê as ordens, sinhá.

Dei-as com medo.

— Celso, faça parar todo o trabalho que não seja essencial e que todos vão consertar os estragos. Consertem as casas com o material que meu marido comprou para fazer o galpão novo. Refaçam as cercas e que as famílias desabrigadas venham pernoitar no porão da casa-grande. Alguém se machucou? Aconteceu algo com os animais?

— Só um negrinho caiu ao correr da chuva e quebrou o pé. Alguns animais morreram, estavam embaixo de uma árvore em que caiu um raio.

— Que Dita trate do menino — ordenei.

— Sim, senhora.

Dita era uma benzedeira, uma negra que cuidava dos doentes da fazenda.

Logo minhas ordens foram cumpridas. E quando Tetrarco retornou tudo estava consertado. Temi-o, não sabia qual seria sua reação. Mas meu marido, amável como sempre, disse baixinho:

— Então, Helena, lá se foi o material do meu novo galpão?

— Desculpe-me, é que não sabia o que fazer.

— Agiu certo, uma esposa de coronel tem de saber dar ordens.

Suspirei aliviada.

Meu sogro morreu. Logo depois do enterro, Tetrarco me trouxe para casa e foi a uma reunião com os irmãos para repartir a fortuna do pai. Fiquei apreensiva, pensei que ia ter um dos meus desmaios, fui para meu quarto. Não desmaiei, porém vi um espírito vestido de modo europeu, senti muito medo e não consegui sair do lugar. Ele me disse:

Tia Helena

— Seu esposo se prepara para matar uma pessoa.

Sumiu, fiquei gelada de medo. Demorei para me acalmar.

Tetrarco voltou para casa à tardinha, estava nervoso e foi dormir cedo. No outro dia acordou animado como sempre. À noite disse que ia sair e era para não comentar com ninguém esta saída e, se alguém me perguntasse, deveria responder que ele não saiu naquela noite. Tetrarco só andava armado e saía com jagunços. Naquela noite saiu com dois homens somente.

Voltou de madrugada e dormiu tranquilo. Logo de manhãzinha vieram avisar que seu cunhado Basílio havia morrido por um tiro numa emboscada.

Fiquei sabendo por Adelaide, a irmã solteira do meu marido, que os dois, Tetrarco e Basílio, se desentenderam na reunião da partilha de bens. A esposa de Basílio, minha cunhada, vendeu a fazenda e foi morar com os sogros. Tetrarco não foi ao enterro, não viu a irmã e não quis saber dela nem dos sobrinhos.

Tetrarco queria filhos, vivia repetindo que ele tinha de tê-los, que já passava da idade e queria herdeiros. Mas eu não ficava grávida.

Naquele domingo levantamos cedo para ir à vila e à missa. Coloquei meu vestido azul, muito bonito. Chegando à vila, a carruagem parou perto da praça. Descemos e conversamos com alguns amigos, após caminhamos rumo à igreja. Três homens apareceram na nossa frente. Vi um deles com um punhal na mão e senti Tetrarco me puxar e o punhal ser enfiado no meu peito.

— Merece morrer! — exclamou um homem.

Vi-o bem e senti ódio em seus olhos.

Foi uma dor atroz, caí e escutei vozes.

— Helena está ferida!

— Ajudem!

Palco das encarnações

— Peguem o assassino!

Vi algumas pessoas se aproximarem, depois tudo foi ficando escuro, deixei de ver e ouvir, a dor foi suavizando e dormi.

Acordei disposta, estava num quarto com muitas outras pessoas, tive sede, mas nada falei. Logo uma moça muito simpática veio até mim.

— Bom dia! Como está, Helena?

— Muito bem, obrigada. Onde estou? — quis saber.

— Numa enfermaria de um hospital. Deseja alguma coisa?

— Tenho sede.

— Chamo-me Lúcia. Trarei água para você.

Lúcia veio logo após, com um copo d'água.

— Que água gostosa! Obrigada! — exclamei após tomar toda a água. Lúcia afastou-se e olhei para uma senhora que estava no leito ao lado. Ela sorriu para mim e comentou:

— Acordou bem-disposta, isto é bom. Sou Durvalina. Por que veio para cá?

— Fui ferida, meus familiares e meu marido devem ter me trazido. Nunca tinha visto um hospital. Onde fica este?

— Não sei. Porém é bom, e não se cobra nada dos seus pacientes — contou a senhora.

— Quê?! Hospital de Caridade?

— Eu não posso pagar. Sou pobre, bem pobre. Morava com um filho que mal consegue sustentar os seus filhos. Preocupei-me e indaguei a Lúcia e ela me disse que aqui não se paga nada. E é bom este hospital. Imagine você, por uma infecção há dez anos tive meu pé cortado e veja, estou com ele. É verdade! Veja a marca. Foi bem aqui na altura do tornozelo. Posso mexer com meu pé e não dói mais.

— Isto é impossível! — exclamei espantada.

— *Você disse que foi ferida. Cadê seu ferimento?* — perguntou Durvalina.

Olhei-me, estava vestida com uma camisola branca, que não era minha, julguei que era do hospital. Abri-a e nada encontrei, nem marca.

— *Meu Deus!* — exclamei.

— *Não lhe disse? Aqui eles são fantásticos.*

Durvalina aquietou-se e fiquei a pensar: "Será que estou sonhando? Estou louca?" Comecei a chorar. Lúcia ao me ver chorando aproximou-se:

— *Helena, por que está chorando? Que houve? Sente alguma coisa?*

— *Lúcia, estou louca? Aqui é um sanatório para doentes mentais?*

— *Não, querida, aqui não é hospital para doentes mentais e você não está louca.*

— *Que acontece então? Lembro bem que fui ferida, um homem me feriu com um punhal. Mas não tenho ferimento e Durvalina me disse que teve seu pé de volta.*[1]

---

1 N.A.E. Ao desencarnarmos, trazemos quase sempre as deficiências e doenças que são os reflexos do nosso corpo físico. Mas, quando se tem o merecimento do socorro logo após a desencarnação, é bem mais fácil sarar ou se livrar destes reflexos. Há pessoas doentes apenas no físico; espiritualmente são sadias. Outras, pela doença e deficiências, resgataram seu carma negativo, também ficam logo bem. Como o caso de Durvalina que encarnada sofreu sem reclamar, quitou sua dívida, esgotou seu carma negativo, socorrida, tornou-se sadia. Acidentados com morte brusca (caso de Helena) às vezes não fixam o ferimento, isto ocorre muito no Plano Espiritual. Em pessoas boas não fica nem a marca. Mas pode ocorrer que o espírito desencarnado pense fortemente no ferimento e venha a conservá-lo, necessitando de tratamento. Espíritos que vagam ficam quase sempre com as deficiências e a maioria com os ferimentos. Muitos, porém, ao desencarnarem violentamente, seja por acidentes ou assassinatos, são desligados do corpo morto, vagam sem os ferimentos, porque não têm conhecimento do que ocorreu com eles. Achando-se sadios, ficam como antes da desencarnação. Concluímos assim que trazemos ao desencarnar os reflexos do corpo, que são doenças, deficiências e necessidades. Encarnados podem educar-se para a desencarnação, tendo consciência que podem superar este período de adaptação e que viverão após com o perispírito. Tendo esta compreensão podem se livrar facilmente dos reflexos do corpo carnal.

Lúcia me abraçou carinhosamente e tentou me consolar:

— Calma, Helena, calma! Lembra o que aconteceu com você depois que foi ferida?

Recordei. Depois de ferida caí e fui perdendo os sentidos, me vi ao lado do meu corpo. Um senhor aproximou-se e me confortou. Depois, este senhor me pegou no colo como se eu fosse uma criança e voamos.

Estas lembranças deixaram-me mais confusa ainda. Lúcia tentou me esclarecer:

— Seu corpo morreu com o ferimento que recebeu.

— Você está me dizendo que morri? E agora? Vou para o purgatório?

— Não, você ficará aqui até que esteja boa. Você vai gostar daqui.

— Você disse que morri, mas tive sede e tomei água.

— O termo certo é desencarnação — Lúcia continuou a me elucidar. — Seu espírito deixou o corpo morto e agora vive no Plano Espiritual. Aqui, somos uma cópia perfeita do corpo carnal, este corpo que agora usa é o perispírito, outra vestimenta do espírito. Temos os reflexos do corpo carnal e só depois de aprender a viver aqui e com este corpo é que deixaremos os reflexos e nos alimentaremos de outra forma. Por isto teve sede e tomou água. Mas a água daqui não é igual à que tomava quando encarnada. Ela é mais leve, é apta ao seu perispírito, ou seja, da mesma matéria.

— Não queria morrer — chorei alto.

Lúcia me confortou e dormi. Acordei e lembrei de tudo. Fiquei quieta no leito. Olhei pela vidraça e vi que estava chovendo. Tive medo, podia ser tempestade. Chamei Lúcia.

— Lúcia, está chovendo. Aqui chove?

— Sim, aqui a chuva lava tudo, molha as plantas.
— Tem tempestade? — indaguei apreensiva.
— Aqui não há tempestade, só chove de mansinho.
— Ainda bem... Há outros lugares na Espiritualidade além daqui? Onde ficam? — quis saber.
— Sim, o Plano Espiritual é grande, tem as colônias, postos de socorro, o Umbral, local onde estão temporariamente espíritos que não podem ou não querem o socorro.
— Lá eles sofrem?
— A maioria sofre, outros gostam de viver lá — Lúcia amorosamente me elucidava.
— É para lá que vão as pessoas más quando desencarnam?
— Sim.
— Lá tem tempestades? — quis saber.
— Tem. Como na Terra, no Umbral as tempestades purificam o ar, a atmosfera terrena dos miasmas nocivos gerados por mentes desarmonizadas, seja de encarnados ou desencarnados. Os encarnados costumam dizer que antes da tempestade o ar está pesado e sufocante, depois da chuva o ar fica leve e refrescante, é a bonança. As colônias não necessitam das tempestades, somente da chuva benéfica que não falta e nem excede. No Umbral os espíritos administradores do nosso plano fluem as nuvens fazendo as chuvas serem um benefício, sustentando os filetes d'água e as escassas vegetações. No Umbral, como na Terra, a chuva pode faltar ou ter em excesso.

Agradeci as explicações e olhei a chuva sem medo, ela caía gota a gota como fios de prata.
— Helena, você não quer ler? — Lúcia me ofereceu um livro.
— Sim, obrigada.

Era um exemplar do livro O Evangelho segundo o Espiritismo, *de Allan Kardec. Li com gosto, a leitura me confortou. Os ensinos de Jesus são belos e sempre tiramos novas lições ao lê-los.*

— Helena, visita para você — anunciou Lúcia.

Reconheci logo o senhor que estava ao lado dela.

— Vovô Anselmo! — exclamei contente.

Meu avô me abraçou. Suas visitas eram muito reconfortantes. Conversei muito com ele neste tempo em que fiquei hospitalizada. Vovô me explicou tudo, que estava numa colônia, lugar onde vão as pessoas boas que desencarnam. Que meu corpo carnal havia morrido e estava vivendo em outro lugar. Vim a saber que fora ele quem me ajudou quando desencarnei, foi vovô Anselmo quem me socorreu. Melhorei logo e pude visitar todo o hospital, descansar nos seus jardins. Encantei-me com as belezas da colônia. Durvalina foi transferida, teve alta do hospital e foi morar com os familiares.

Um dia, vovô me pediu:

— Helena, fale-me de sua vida encarnada.

Contei tudo a ele, acabei com a desencarnação. Aí veio-me à mente que fui assassinada.

— Vovô, foi Tetrarco que mandou me matar?

— Não, Helena, não foi ele. Prenderam o assassino e sob tortura ele confessou que veio assassinar Tetrarco a mando do pai de Basílio, o cunhado de seu esposo que foi assassinado.

— Tetrarco me puxou, por isto que fui ferida. A punhalada era para ele! — lastimei.

— Isto é verdade. Tetrarco a puxou e você ficou de escudo para ele.

Por instantes, entristeci com a covardia de Tetrarco. Quis saber de todos os detalhes.

— *Vovô, o que aconteceu depois?*

— *Seu assassino morreu enforcado. Está no Umbral vagando, responde por muitos crimes. Tetrarco deixou por isto mesmo. Ele matou Basílio e o pai deste mandou matá-lo e você morreu. Estavam quites. Você tem raiva do seu assassino?*

— *Não, perdoei de coração.* — Estava sendo sincera. — *Vou orar por ele. Desejo que se arrependa e que fique bem.*

— *Helena, foi por você ter perdoado de coração que pude trazê-la para cá. Se não perdoasse, teria ido vagar ou pelo Umbral junto de seu assassino ou pelo seu ex-lar.*

— *Estou gostando daqui, vovô.*

— *Aqui é seu lar agora. Acostumando-se logo, melhor será para você* — aconselhou meu avô.

— *Tetrarco não sentiu minha desencarnação. Sinto que foram somente Mãe Benta e Nara que sentiram, elas têm orado por mim.*

— *Sentimos as orações quando são sinceras* — explicou vovô. — *Mãe Benta e Nara foram duas amigas suas. Quanto a Tetrarco, ele é incapaz de amar alguém.*

— *Vovô, onde estão vovó Adélia, minha mãe e meu pai?* — quis saber.

— *Estão todos reencarnados. Aqui não temos tempo fixo para ficar desencarnados. Alguns ficam muitos anos, outros menos. Depende da necessidade de cada um.*

— *Olhando-o bem, sinto-me muito unida ao senhor.*

— *Helena, você me contou os sonhos que tinha quando encarnada que se repetiam sempre. Vamos lembrar dos detalhes?* — pediu ele.

Com a ajuda de vovô, lembrei. Em encarnação passada, fui um homem que por dinheiro matou um jovem traiçoeiramente *em noite de tempestade. Voltando novamente à carne, fui uma moça que cuidava do pai doente. Apaixonei-me por um homem e, quando fiquei grávida, ele me contou que era casado. Ele me levou a uma mulher e pagou para que fizesse um aborto. Separei-me dele, mas outros vieram e por mais quatro vezes fiz aborto. No último tive uma infecção e desencarnei.* Quando as recordações terminaram, vovô me explicou:

— *Você nesta encarnação foi uma médium, seu espírito recordava através do sonho seu passado. Deixo claro que nem todos os sonhos repetidos são recordações do passado. Para saber isto, deve-se fazer uma análise séria, porque os sonhos podem ter inúmeras explicações.*

— *Fui uma assassina!* — queixei-me. — *Matei um jovem por dinheiro, após o crime mudei de cidade, mas nunca tive sossego e desde então tenho medo de tempestade.*

— *Estas recordações são raras. Você recordava as partes que mais lhe marcaram. Deus nos faz esquecer o passado para melhor vivermos o presente em harmonia e para que possamos cumprir nossa tarefa encarnados.*

— *Vovô, certamente por ter feito abortos, nesta encarnação não tive filhos. Foi uma aprendizagem que tive?*

— *Certamente, você quis tê-los e não os teve. Aprendeu a dar valor à maternidade*[2] — vovô tentou me esclarecer.

— *Desencarnei assassinada por ter sido assassina?*

— *Você tirou a vida física de um jovem cheio de vida. Teve a reação porque assim escolheu antes de encarnar como Helena, por não ter perdoado a si mesma. Fez a má ação e teve a reação. Porém, pode evitar a reação ruim, perdoando a si mesma, modificando-se para melhor, fazendo o bem, crescendo e evoluindo.*

---

2 (N.A.E.) Esclareço que nada segue ordem geral no Plano Espiritual. São muitas as ações que levam às mesmas reações.

— Será que o moço que assassinei me perdoou? — preocupei-me.

— Olhe-me bem — pediu vovô.

— Meu Deus! — exclamei. Vi no meu avô o jovem que assassinara.

— Naquela encarnação era jovem, rico e noivo de uma bonita moça. Um rival o pagou para me matar. Mas já nos reconciliamos. Olhe-me novamente.

— O senhor foi meu pai, quando desencarnei por um aborto.

— Fomos nesta encarnação pai e filha e você me foi muito querida. Foi muito boa para mim. Trabalhou muito para me sustentar. Quando desencarnou, sofri muito. Fui morar com um filho, fui maltratado, depois de três anos desencarnei. Resolvi vir para o Brasil e aqui encarnar. Você veio atrás de mim e tê-la por neta me foi gratificante.

— O senhor me perdoou... — Estava profundamente agradecida.

— Perdoei e a amo muito.

— Só o fiz sofrer. Mesmo nesta encarnação tinha medo de vê-lo quando tentava me ajudar. Mas todos afirmavam que o que via era o demônio.

— No futuro — elucidou meu avô — isto será explicado e compreendido como algo normal. Será mais fácil o intercâmbio entre encarnados e desencarnados.

— Isto será bom para os médiuns.

— Será e muito. Como também entenderão que os "demônios", os espíritos maus, são também nossos irmãos e que são necessitados de auxílio.

A conversa com meu avô foi muito esclarecedora. Ele muito me ajudou. Logo saí do hospital e fui morar com ele numa bonita casa na ala residencial da colônia. Aprendi logo a viver como desencarnada. Pedi para trabalhar com Lúcia no hospital e fui

Palco das encarnações

atendida, fiquei por seis meses lá e aprendi muito. Mas o Educandário, as crianças eram e são minha paixão. Estudei, aprendi a lidar com elas e fui trabalhar no Educandário. Estou muito contente no meio das crianças. Elas me chamam carinhosamente de tia Helena.

Minha tia calou-se. Estava encantado com sua narrativa. Não pude deixar de indagar.

— Tia Helena, e Tetrarco? Como está ele?

— Tetrarco me preocupava. Quando tive permissão, vovô me levou para vê-lo. Fazia poucos meses da minha desencarnação. Encontrei Tetrarco sentado na sala, pensativo. Vovô me ajudou a ler seus pensamentos. Estava indeciso com quem iria casar, se com Maria do Carmo ou com uma amiga de Adelaide. "Maria do Carmo!" — pedi-lhe de mente a mente e me alegrei quando vi Tetrarco levantar da cadeira e decidir:

— Resolvido. Vou pedir a mão de Maria do Carmo.

— Helena, por que fez isto? — perguntou meu avô.

— Conheço Maria do Carmo, ela é boa moça e está ficando solteira. A outra não conheço, mas sendo amiga de Adelaide não deve ser boa. Vovô, agi errado? Será que o influenciei?

— Tetrarco é livre para decidir sozinho. Você deu uma opinião. Aprenda agora que não devemos dar uma opinião sem ter certeza de que seja o mais certo e se é para o bem das pessoas — aconselhou vovô.

— Tetrarco — continuou tia Helena a contar sua vida — casou-se com Maria do Carmo e vivem bem. Tem filhos como queria. Ele é sempre gentil, bom senhor de escravos, mas manda matar seus desafetos. Oro muito por ele, espero que se arrependa de seus erros. Visito-o sempre, como também venho ver meus irmãos.

— *A senhora é corajosa, titia. Gosto da senhora!* — expressei com sinceridade.

— *E eu de você!*

Abraçou-me, senti-me emocionado. Ainda bem, pensei, que pelo menos um da família está bem. É bom sentir-se amado e foi este sentimento que tive naquele abraço, amado de forma pura, sem egoísmo.

Fiquei orgulhoso de tia Helena.

O CASAMENTO INFELIZ

Emília, minha irmã, casou-se muito nova, com dezesseis anos, com um homem mais velho do que ela, o Macedo. Ele não era mau, porém era cheio de manias, autoritário e tratava Emília como um objeto.

Emília foi forçada a se casar. Coronel Honório arrumou o casamento e ela conheceu Macedo no dia do noivado. Minha irmã não gostou nada dele, mas, sem iniciativa, obedeceu ao pai e casou-se.

Quando vim ficar uns tempos com os familiares na tentativa de ajudá-los, fui logo vê-la. E o que vi me deixou muito preocupado. Emília não tolerava o marido, achava-o nojento e feio. Macedo por sua vez não ligava a mínima para a esposa e ia muito à vila onde tinha amantes. Este fato não desgostava Emília, que até se sentia aliviada.

Na fazenda de Macedo tinha um empregado, Osmar, louro, olhos azuis, homem de confiança de Macedo, bom empregado. Guardava a casa-grande principalmente quando Macedo não estava. Ele era casado e tinha um filho, morava perto da casa-grande.

Emília tinha um casal de filhos, amava-os muito e era boa mãe. Minha irmã não se importava com os empregados nem com os escravos. Herdara de minha mãe Decleciana o orgulho e o egoísmo e empregados e escravos eram para lhe servir, e bem. Porém, não reclamava deles nem os mandava castigar. Macedo tratava os escravos com autoridade, mas não chegava a ser mau.

Osmar, porém, lhe chamou atenção; ele era diferente dos demais, era instruído, sabia ler e escrever, lia muitos livros, era educado e agradável. No começo conversavam só assuntos corriqueiros. Emília era medrosa e na ausência do marido um empregado costumava fazer guarda na varanda da casa-grande a noite toda. E Osmar passou a fazer sempre esta guarda a mando de Macedo, porque este confiava muito nele.

Depois que as crianças iam dormir, Emília tinha o hábito de ir à varanda. Quando o esposo estava ia com ela, na ausência dele ia sozinha. Passou a conversar muito com Osmar, foi cada vez prolongando mais estas conversas e acabou apaixonada. E tudo fez para conquistá-lo. Osmar resistiu, tinha medo do patrão, gostava da esposa que era boa e prendada, não queria traí-la ou magoá-la. Mas não resistiu ao charme de Emília, acabou cedendo e os dois tornaram-se amantes.

Ninguém desconfiou. Macedo ausentava-se muito e quando saía costumava voltar no outro dia, ou ficava dias fora de casa. Como era trabalho de Osmar guardar a casa à noite, tudo foi facilitado. Os dois amantes conversavam na varanda, depois ela se recolhia e de madrugada ele ia para o seu quarto.

Osmar também sentia forte atração por Emília. Por mais de ano encontraram-se sempre. Foi neste tempo que Emília sentiu-se feliz.

O casamento infeliz

Preocupado com o desfecho daquele romance e também querendo chamar minha irmã à realidade, fazê-la compreender que estava errada, tentei de tudo para separá-los, dizia muito a ela quando estava sozinha:

"Emília, não faça isto, você é adúltera, erra, tem um esposo a quem prometeu fidelidade, tem filhos que merecem sua atenção. Todo erro tem sua consequência, sua reação. Separe-se de Osmar."

Emília recebia meus pensamentos, mas não gostava deles e não dava atenção. Não consegui fazer com que mudasse de ideia.

Emília ficou grávida, tinha certeza de que o filho era de Osmar. Mas Macedo sem desconfiar se alegrou com a chegada de um novo filho.

Grávida de quatro meses, Emília teve a curiosidade de conhecer melhor a esposa de Osmar e foi até a casa dele quando este não estava, a pretexto de dar um passeio.

A esposa de Osmar, Maria, a tratou bem, ofereceu água, que Emília aceitou. Emília sentiu um ciúme atroz, a esposa de Osmar era bem mais jovem que ela, muito bonita, meiga e educada. Pela conversa demonstrou saber do seu envolvimento com o esposo.

Emília voltou do passeio inquieta, li em seus pensamentos o ciúme que sentia.

"A esposa de Osmar é bela, ela deve saber, não a quero mais perto dele. Devo pensar num meio de afastá-la."

E foi isto que passou a fazer, pensava num modo de se livrar da rival e também do marido. Assim ficariam os dois livres para serem felizes. Só que não sabia como fazer. Resolveu ir passar alguns dias na casa do pai e conversar com ele, tentar tirar do pai, sem que este percebesse, alguma sugestão.

Tudo fiz para que Emília tirasse esta ideia da mente. Não consegui, minha irmã estava resolvida a matar os dois para ser feliz com Osmar.

Viajou para o engenho. Lá conversou muito com o pai e levou a conversa para seu interesse. Coronel Honório, sem perceber, foi falando como eliminar uma pessoa.

— Pode-se dar veneno em bebidas ou colocar nos alimentos, se é alguém do nosso convívio. Também podemos colocar uma cobra para picar esta pessoa. Pode-se asfixiá-la com o travesseiro. Porém, o mais fácil é contratar um jagunço, um matador para eliminar nosso desafeto.

Emília deu-se por satisfeita. Ficou a pensar na conversa que teve com o pai. Veneno não era fácil de arrumar, mas podia conseguir, dar a Macedo era fácil. Mas os venenos costumavam não ser tão eficientes e por ali todos conheciam fácil uma morte por envenenamento. Se ela envenenasse Macedo, iam logo perceber que ele foi envenenado e assassinado. Temia que desconfiassem dela. Cobra, como pegar uma? Como colocar para picá-lo sem correr o risco de ser picada ou os filhos? Contratar um matador era mais difícil. Sendo mulher e estando grávida, como ir atrás de um homem deste? Tinha de confiar em alguém para isto e não sabia em quem. Asfixiá-lo, teria forças? Depois, não poderia contar com Osmar, ele não aceitaria participar de um assassinato, ele não deveria saber de seus planos.

"Bem, concluiu, posso dopá-lo. Dar um remédio para que durma e depois conseguirei matá-lo por asfixia."

Resolveu, mataria o marido primeiro, depois, como sinhá, dona de tudo, arrumaria alguém para matar a esposa de Osmar. Ninguém saberia e ela seria feliz.

O casamento infeliz

Os dias passaram e Emília animada regressou ao lar. Estas visitas eram bem-vindas ao engenho, coronel Honório e sinhá Decleciana alegravam-se com as visitas das filhas e netos.

Mas uma surpresa aguardava Emília em seu lar. Como tentei de tudo para tirar as ideias macabras da cabeça de minha irmã e não consegui, tentei com Osmar. Este mais sensível e temeroso da relação com minha irmã me escutou, pedi a ele: *"Osmar, por que trai a esposa tão dedicada e honesta? Por que a faz sofrer? Não lhe prometeu fazê-la feliz?"*

Ele recebia minhas palavras como pensamento e respondia mentalmente.

"Não, minha esposa não merece isto. Sofre e tem medo por mim."

"Claro que tem medo — continuei. — *Se Macedo descobre, mata-o como também a ela e seu filho inocente. Sabe que irá torturá-lo, é capaz de matar seu filho devagar somente para vê-lo sofrer."*

"Meu Deus! Se o sinhô Macedo vier a descobrir?"

"Osmar, sabe que não é difícil ele descobrir. Aqui na fazenda tem muitos espiões. Sua família não merece isto."

"Meu Deus, me ajude! Que devo fazer?"

O apelo dele foi sincero e sempre que isto acontece os bons espíritos que querem ajudar ficam mais à vontade de responder, como eu naquele momento. Depois, com seu apelo sincero, ficou mais fácil receber conselhos.

"Vai embora daqui com sua família. Vai embora!"

Osmar chegou em casa e comunicou à esposa.

— Maria, você quer ir embora daqui? Podemos ir para o Sul, ir ter com sua irmã.

— Osmar, quero muito sair daqui antes que aconteça uma desgraça. Você se dá tão bem com meu cunhado. Começaremos vida nova longe desta mulher venenosa.

— É muito longe, sua irmã mora distante daqui — disse Osmar.

— Melhor, assim ninguém nos descobrirá.

— Vou falar com o sinhô Macedo. Se ele deixar, iremos embora.

Tentei novamente interferir. Intuí Macedo, levando-o a liberar Osmar.

"Deixe-o ir! Deixe-o ir!" — repeti muitas vezes.

Osmar disse ao patrão que queria ir embora e para meu alívio Macedo concordou:

— Sinto em perder um bom empregado. Mas não vou segurá-lo. Está aqui o que lhe devo. Pode ir quando quiser.

— Obrigado, sinhô.

Osmar pegou o pagamento e voltou rápido para casa. Pensava que era melhor partir na ausência de Emília, assim evitaria ter de se despedir dela. Conhecendo-a sabia que ela não o deixaria ir. Sentia em deixá-la, ainda mais sabendo que o filho que ela esperava era dele. Mas, todos desconhecendo, ela não teria problemas. O sinhô estava contente com mais um filho. Maria, ao saber que podia ir logo embora, tratou de arrumar a mudança. No outro dia cedo carregaram uma carroça e partiram.

Quando Emília chegou em casa, fazia três dias que Osmar tinha partido. No primeiro dia não percebeu, mas no segundo dia não o vendo perguntou ao marido:

— Macedo, onde está Osmar, preciso que me faça um serviço.

— Mande outro empregado, Emília. Osmar foi embora.

A notícia a atordoou, esforçou-se e tentou ser natural.

— Por que o despediu?

— Não despedi Osmar — contou Macedo —, ele quis ir embora para o Sul com a família.

— Por quê? — esforçando para ser natural, perguntou.

— Ora, por quê? Sei lá! Não me meto na vida dos empregados.

Emília sentiu uma tonteira e saiu rápido da sala indo sentar-se na varanda. Demorou para se recompor. Depois foi à cozinha, fingiu que estava supervisionando e perguntou à negra que ali estava trabalhando, procurando manter-se indiferente.

— Osmar com a família foram embora. Sabe por quê?

— Maria, quando se despediu, disse que a irmã se deu bem no Sul e os convidou. Eles aceitaram e foram embora.

Emília foi para o quarto. Chorou de raiva e dor. Perdera Osmar. "Talvez, pensou, ele teve medo do meu esposo. Ou amava a esposa, aquela Maria boba e resolveu fugir com ela. E eu esperando um filho dele."

Depois de ter chorado um bom tempo, pensou:

"Se eu contar ao Macedo, ele irá atrás dele e o matará. Isto seria bem feito."

"E você?" — gritei a ela. — *"E você? Como será tratada? O que Macedo irá fazer com você?"*

"E eu, Macedo me matará ou me trancará no porão" — gemeu voltando à realidade. "Ninguém irá querer saber de mim, nem meus familiares. Devo ficar calada."

Emília sabia que, naquele tempo, o marido traído podia matar a esposa e a família não costumava interferir. Consolei-a como pude, ela não me dava muita atenção. Melhor dizendo, não se afinava comigo nem com minhas ideias. Emília sofreu, os dias eram lentos e angustiantes. Resolveu não matar mais o esposo, como viúva seria sua vida bem pior. Pelo menos ele lhe dava segurança e a sustentava, depois ela não entendia nada dos negócios do esposo.

Nasceu o nenê, um menino claro de olhos azuis. Emília temeu. Mas Macedo, ao ver a criança, exclamou:

Palco das encarnações

— Como este menino parece com minha mãe! Claro como ela, os olhos iguais aos dela. Veja, Emília, que garoto lindo! Como estou feliz por ele se parecer com minha mãe que morreu há tantos anos.

Emília suspirou aliviada.

Minha irmã tornou-se amarga e triste. O filho claro não lhe trazia boas lembranças e ela não gostava dele. Porém, Macedo o queria muito.

Como Macedo sentia minha presença, embora me ouvindo de forma incompleta e nem sempre fazendo o que lhe sugeria, passei a lhe dedicar mais tempo e tentar que fosse mais delicado com a esposa. Aos poucos, Macedo passou a ser mais educado, a tratar Emília melhor, a lhe dar presentes. Emília aceitou a mudança do marido com indiferença. Uma vez, Macedo quebrou a perna numa queda de cavalo e passou a mancar. A perna doía muito. Assim ele passou a ficar mais em casa.

Emília pensou em ter outros amantes, mas nenhum conhecido lhe agradou, desistiu. Amou sempre Osmar, vivia das lembranças dos seus encontros com ele.

Osmar foi para o Sul, trabalhou numa fazenda e deu certo. Lembrava sempre de Emília, ora com remorso por ter partido, ora com certeza que foi o mais certo. Mas não viveu muito, três anos depois que partiu, Osmar desencarnou devido a uma queda de cavalo. Foi logo socorrido, aceitou a desencarnação e ficou bem. A esposa casou-se novamente. Osmar passou a vir sempre visitar Emília e o filho. Tentou ajudá-la, mas ela era difícil, fechou-se em si mesma e não recebia nenhuma boa interferência. Parecia não querer viver, sentia-se sozinha e abandonada. Deixou a doença se estabelecer e dominar. Desencarnou nova ainda, um ano e meio depois de Osmar. Desliguei-a do corpo morto, mas não pude socorrê-la. Vagou por muitos anos e Osmar sempre por perto. Até que se arrependeu com sinceridade de seus erros e por não aceitar a bênção daquela existência onde podia ter sido boa patroa, boa senhora de escravo, ter feito o bem, ter resignação e aceitar o que a vida lhe oferecia. Depois de socorrida, Emília e Osmar ficaram na mesma colônia e foram preparar-se para reencarnar e desta vez ficar juntos.

Macedo não mais casou, viveu para os filhos.

Eu tirei da história de Emília uma lição. Minha irmã, tendo tudo de material, não teve o amor que ansiava, tornou-se infeliz pelo que não tinha e não deu valor ao muito que possuía. Teve tanto e se apegou em desejar o que não possuía. Como é necessário dar valor ao que temos! Como é bom amar o que temos, mesmo que pouco! Porque se amamos o que possuímos não sobra espaço para lamentar o que não temos.

O TERCEIRO ENGENHO

    Outra irmã do coronel Honório era tia Teodora. Seu engenho era menor, porém bem cuidado. Nele os escravos eram bem tratados, mas ainda havia muitos castigos. A senzala era grande, espaçosa e com boa ventilação. Os escravos usavam roupas melhores e eram bem alimentados. O engenho e tudo que possuía foi herança do meu avô, pai de tia Teodora. Pelo que sabia, desde mocinha ela era muito levada e seu casamento foi arranjado; tio Josias era filho de um amigo do meu avô, mas era pobre.

    Tia Teodora era um ser humano terrível. Ela era volúvel, fútil e maldosa. Estava sempre muito arrumada e enfeitada. Não amava ninguém além dela mesma. Tinha amantes negros, os escravos jovens, fortes e bonitos do engenho. Por mais que escondesse, todos por ali sabiam, mas por respeito falavam em cochichos. Os filhos sabiam, envergonhavam-se da mãe. Até o tio Josias sabia, mas fingia ignorar, ele não a amava, tolerava tudo pacificamente.

    Tio Josias era uma pessoa estranha, casou-se porque o pai o obrigou, e também por interesse. No início do casamento ele

Palco das encarnações

tudo fez para que desse certo. Interessado no engenho organizou tudo para dar lucro. Tratava bem a esposa. Nos primeiros tempos de casada tia Teodora até que se comportou. Tiveram três filhos, depois, não querendo mais tê-los, todas as vezes que achava que estava grávida tomava uma substância abortiva, que era um chá com mistura de muitas ervas que faziam abortar. Este chá nem sempre dava o resultado esperado. Não resolvendo ela recorria a uma negra de sua confiança para lhe fazer um aborto. Esta negra, Jumira, era tida como feiticeira, morava numa casa igual à dos empregados e não trabalhava. Os comentários que escutei dela no engenho não eram bons. Visitando-a, vi que espíritos ruins eram seus companheiros. Com ela estava um grupo de espíritos trevosos. Jumira entendia muito de ervas, mas só usava seus conhecimentos para fazer maldades. Mas para sinhá Teodora ela fazia o que esta queria.

Quando cheguei ao engenho de tia Teodora, ela estava conversando com o marido.

— Caro Josias, você irá demorar nesta viagem?

— O de sempre, três a quatro meses.

— Muito tempo — reclamou titia.

— Parece até que me quer ver por aqui.

Aquietaram, aproximei-me de tio Josias que pensava distraído: "Gosto de ficar longe do engenho, aqui todos parecem rir de mim, sou um homem traído. Não sei por que não consigo tomar uma atitude."

Enquanto isto, tia Teodora pensava inquieta:

"Logo que Josias partir, mandarei João se encontrar comigo. Como João é lindo! Devo ir sem demora à casa de Jumira. Tenho de dar a poção a Josias."

— Vou descansar um pouco — disse tio Josias levantando-se e indo para o quarto.

O terceiro engenho

Ele saiu da sala e tia Teodora foi para a área. Ela era inquieta, andava por todo o engenho. Andava a galope de cavalo, nunca ficava parada. Tomou o caminho da casa de Jumira. Ao lado da casa de sua amiga, a negra feiticeira, havia uma outra casa desocupada. Alguns minutos de caminhada e tia Teodora chegou ao seu destino.

— Jumira! Jumira! — gritou à porta.

— Entra, sinhá!

Tia Teodora entrou e sentou-se na cadeira oferecida. A negra Jumira a recebeu toda sorridente.

— A poção está preparada? — perguntou minha tia. — Josias vai viajar e tenho de lhe dar a poção. Você sabe que tenho de fazer Josias ficar acomodado.

— Aqui está, coloque no chá como sempre — instruiu Jumira lhe dando uma xícara com um líquido branco como leite. — Com esta poção, Coronel Josias fará o que a sinhá quiser.

— Quero que ele não me amole. Jumira, a lei é muito injusta com as mulheres. O marido traído pode matar a esposa, prendê-la e todos acham certo. Às vezes, temo que Josias tome uma atitude.

— Coronel Josias não fará nada de mal à sinhá, não enquanto eu viver — afirmou a negra.

— A lei com os homens é diferente — continuou a se queixar. — Eles têm quantas mulheres quiserem e não lhes acontece nada. É injusto! Jumira, estou de olho no escravo João, logo que Josias partir vou trazê-lo para meu refúgio.

Riram, as duas encarnadas e os muitos desencarnados ali presentes.

Tio Josias não precisava viajar, mas gostava, saía para negociar, acompanhavam dois empregados de confiança. Vendia,

Palco das encarnações

comprava e trocava mercadorias. Como também vendia o açúcar dele e o dos cunhados.

Tia Teodora tinha três filhos, Floriano, Pedro e Margarida. Pedro saiu de casa jovem e foi morar numa cidade do litoral. O pai o visitava sempre, ele detestava a mãe e não ia ao engenho. Margarida casou-se muito jovem, morava perto, mas somente vinha ao engenho quando o pai estava. Floriano era casado com Sofia, moça honesta, bonita e delicada. Moravam no engenho, na casa-grande, junto com tia Teodora. Eles tinham três filhos, três lindas crianças.

Floriano era uma pessoa boa. Tomava conta do engenho, procurava ser justo, foi forçado a casar. Embora a esposa fosse bonita, agradável e boa, não a amava. Desde solteiro Floriano apaixonou-se por Tonha, uma negra bonita. Tirou-a da senzala e a colocou numa casa de empregado. Tornaram-se amantes. Os dois eram apaixonados. Ele até pensou em casar com ela, mas os pais impediram e arrumaram um casamento para ele. Tonha teve uma filha com Floriano e, após o parto, Jumira, a mando de tia Teodora, deixou a placenta no útero de Tonha para que ela tivesse uma infecção e morresse. Tonha de fato teve uma grande infecção. A mãe de Tonha, juntamente com outra escrava, uma parteira, às escondidas, limpou o útero de Tonha. Ela não morreu, mas nunca mais teve filhos.

Floriano tratava a filha, a mulata Maria, muito bem. Quando vim ficar com meus familiares, Maria era mocinha e era tratada de sinhazinha. Floriano tentava ser bom esposo. Compreendia que Sofia não merecia o que ele fazia. Ele era bom para ela, fazia de tudo para agradá-la, mas não a amava. Mesmo sem querer, evitava-a. De modo sincero ele amava Tonha e era por ela amado. Floriano deu carta de alforria a Tonha e a Maria, ele temia por elas, se algo viesse a acontecer com ele.

Tentei ajudá-los. Ali no terceiro engenho cheguei a desanimar. Somente Sofia recebia meus pensamentos. Tentei fazer com que ela tivesse paciência. Sofia era triste e gostava de orar. Casou com Floriano também sem amá-lo. Vivia para os filhos. Gostava de flores, cuidava do jardim. Muitas vezes conversamos em pensamento. Procurava lhe dar alegria.

"*Sofia* — lhe dizia —, *a existência num corpo é rápida. Tenha paciência! Perdoa! Você terá outras encarnações, voltará em outros corpos e no futuro colherá as sementes plantadas nesta. Encare as dificuldades como aprendizagem.*"

Dialogávamos, porém ela achava que pensava somente.

"Sinto que já amei muito. Mas quem? Não sei. Amo alguém e nem sei quem é. Sei que ele existe e que está longe de mim."

"*Sofia, temos muitas existências, vivemos muitas vezes, trocamos de corpos para aprender. Deve ter amado alguém no passado, em existência anterior.*"

"Sinto que me separei dele por não ser digna do seu amor."

"*Então, aceite tudo com resignação e seja boa.*"

Interessei-me pela história de Sofia e resolvi pesquisar. Sofia na encarnação anterior tinha vivido na Europa. Ela amava profundamente um espírito que estava encarnado na França. Na encarnação anterior foram casados e felizes. Ele desencarnou numa batalha e ela, não suportando viver sem ele, suicidou-se. Nesta encarnação estava longe do amado. Ele tornou-se padre, não quis casar, ela não conseguiu amar ninguém. Tinha saudades do espírito que amava, mas não sabia explicar este sentimento. Ângelo me acompanhou nesta pesquisa e me deu algumas explicações:

— *Sofia e seu amado provavelmente se encontrarão quando desencarnarem e tudo indica que ficarão juntos, porque, depois deste período distante um do outro, estarão mais maduros e compreensivos.*

— O sofrimento muito nos ensina! — exclamei.

— Certamente. Longe eles aprendem a dar valor à vida. Juntos viviam um para o outro, esquecendo-se de tudo. Separados aprendem a amar a Deus.

Aconselhei Sofia a ser boa, a fazer caridade e ela me atendeu. Passou a ajudar muitas pessoas, defendia os escravos, que passaram a amá-la e respeitá-la. Compreendeu até o amor que o marido tinha por Tonha, nunca tentou prejudicá-la. Teve por Floriano um carinho de irmã. E Floriano com isto tinha remorso, mas estava cada vez mais apaixonado por Tonha.

Sofia também era boa com Teodora. A sogra mandava em tudo, Sofia não se importava, ficava cuidando dos filhos. Teodora não gostava de Tonha, mas não se intrometia na vida do filho com medo dele.

Ela e Jumira continuavam fazendo maldades. Sobre isto pedi explicações a Ângelo.

— Jumira e Teodora — explicou Ângelo — *são espíritos afins, egoístas, só pensam nelas e no prazer. Jumira tem mediunidade, que usa para o mal. Espíritos afins a rodeiam.*

— Não tem como livrá-las destes espíritos?

— *São afins. Atraímos para perto de nós bons ou maus espíritos, dependendo da nossa atitude. Depois, elas não nos pediram ajuda, ao contrário, não querem nossa interferência. E, como todos nós, as duas têm livre-arbítrio, que deve ser respeitado.*

— Elas conseguem dominar tio Josias? — perguntei curioso.

— *Estudando a personalidade do seu tio, pude notar que ele é uma pessoa fraca, e para sua tia, que tem uma personalidade forte, foi fácil dominá-lo. Principalmente porque ela é dona de tudo. Depois podemos observar que, logo que seu tio chega ao engenho, um espírito companheiro das duas fica ao lado dele o tempo todo. Este desencarnado faz de tudo para que ele não tome nenhuma atitude em relação a Teodora. Como disse, sendo Josias fraco e influenciável, escuta este desencarnado. Quanto à poção, nada mais é que um calmante que lhe deixa ainda mais sem iniciativa.*

Na primeira oportunidade, fui conversar com o grupo desencarnado que ficava junto a Jumira. Fui educado e tentei ser agradável. Nem me deixaram falar, riram de mim. E foi assim todas as vezes que me aproximava, tentaram até me agredir, tinha de desaparecer das vistas deles. E sobre isto Ângelo me esclareceu:

— Augusto, espíritos rebeldes dificilmente escutam a quem tenta servir a Jesus. Certamente eles, um dia, se cansarão ou a dor fará com que mudem de atitudes e ideias. Às vezes interferimos, ou podemos interferir, mas isto somente atendendo a pedidos de envolvidos. Oremos por eles e deixemos que o tempo e a dor venham em seu auxílio.

— Ângelo, sinto que eles, embora estejam junto de tia Teodora e Jumira, não gostam delas.

— Eles desconhecem o amor, são egoístas, as duas encarnadas também não gostam deles, usam-nos. Mas estes desencarnados as servem também por egoísmo. Elas lhes dão seus fluidos e oferendas e quando desencarnarem certamente serão escravas deles. Estas oferendas são quase sempre alimentos materiais. Embora eles estejam desencarnados, por não aprenderem e por desconhecerem outras fontes de alimentos, sentem as necessidades do corpo físico e tiram dos alimentos materiais as energias que precisam.

— Que tristeza viver assim! — lamentei.

— Que triste viver longe do bem! Negando ao Pai e as Suas leis!

Palco das encarnações

Tia Teodora logo se desinteressou de João e se interessou por Tomé, um escravo forte e bonito. Quando isto acontecia, ela levava o escravo para servir na casa-grande ou ficar como jagunço. Tomé não foi ser amante da sinhá por vontade, mas sim por medo da represália. Temia desprezá-la e ser castigado, bem como a sua família. Talvez por este motivo tia Teodora interessou-se mais por ele e passou a sentir um ciúme doentio de Tomé.

Tomé gostava de uma negrinha, a Ritinha, mocinha delicada, tímida e muito trabalhadeira. Os dois encontravam-se escondidos. Tomé temia por ela, pedia à namorada paciência. A sinhá ia logo enjoar dele como fizera com os outros e assim ele estaria livre para ela.

Um capataz contou à tia Teodora que Tomé gostava de Ritinha. Ela com muita raiva começou a pensar o que faria com a rival. Coincidiu que passou pelo engenho um mercador de escravos, que tanto vendia como comprava. Sinhá Teodora não teve dúvidas, vendeu Ritinha. Isto ocorreu pela manhã. Teodora não quis vê-la, pediu para um feitor buscar Ritinha e a vendeu barato. O mercador foi logo embora. Tomé tinha um encontro à tarde com a tia Teodora. Ficou sabendo da venda poucas horas antes. Amolou sua faca. Tentei ver o que pensava, não consegui, ele estava revoltado e não sabia o que fazer.

Foi encontrar-se com tia Teodora. Embora preocupado não fiquei presente, porque não poderia ser tão indiscreto e depois não seria do meu agrado.[1]

---

1 N.A.E. Espíritos bons, se vão a lugares indesejáveis é para um trabalho, não são indiscretos e nem gostam de estar em lugares onde não se realiza o bem. Mas os maus, os espíritos que não têm o que fazer, adoram estes encontros pecaminosos. Atraímos para perto de nós sempre os espíritos afins.

Mas de repente vi Tomé sair correndo, apavorado e se escondendo. Fui à casa onde se davam os encontros, a residência vazia perto da casa de Jumira. Vi tia Teodora deitada na cama, agonizava, fora ferida no peito por uma faca.

"*Ela precisa de socorro!*" — exclamei.

Fui até Jumira que estava em sua casa. Tentei dizer a ela o que acontecia, mas esta não me deu atenção e remungou:

— Não o conheço, vá embora. Imagina eu ir à toa perturbar a sinhá em um dos seus encontros.

Voltei. Muitos desencarnados que as serviam estavam ali presenciando. Perguntei-lhes:

— Por que não a ajudam? Por que não trazem Jumira até aqui? Não são amigos?

— *Amigos? Quem os tem? Aqui ninguém. Não somos amigos dela. A sinhá Teodora sempre foi arrogante e má. O que aconteceu com ela foi bem feito. Não vê que está morrendo? Vamos desligá-la do corpo, quando este morrer ela será só nossa. Dava-nos ordens, exigia favores, agora será a vez de ela fazer favores e nos servir. Um dia da caça outro do caçador.*

Entendi, ninguém se liga ao mal ou às forças maléficas sem dar algo em troca. Era costume dizer que feiticeiros "davam a alma ao demônio" em troca de favores. Dar a alma, expressão errada, já que nada possuímos; mas ligaram-se a eles, os "demônios", que são espíritos que temporariamente seguem o caminho do mal. E estes que serviram fazem questão de cobrar. Quanto à intervenção dos bons, é difícil, porque ninguém pediu ajuda e depois tudo foi feito com a livre vontade deles.

Examinei o ferimento, tia Teodora agonizava. O ferimento foi profundo e fatal. Não tendo o que fazer, orei por ela e os desencarnados ali presentes acharam ruim, mas fiquei firme. O coração de tia Teodora parou, o grupo festejou. Começaram o processo de desligamento. Ela se apavorou, gritou ao ver aqueles espíritos feios, sujos e desequilibrados.[2] Demoraram duas horas, sugaram as energias do corpo carnal e foram embora em farra e gritaria. Ali fiquei orando. O que vi me deixou triste, porém com uma certeza, que nos ligamos ao que queremos e com a desencarnação recebemos o que merecemos. Nem por um segundo titia ali sofrendo teve um pensamento de arrependimento, mas sim de ódio, vibrando igualmente com o grupo presente.

Achando que a sinhá demorava, Jumira veio até a casa de encontros, entrou quietinha e levou um susto ao vê-la morta na cama. Examinou o corpo, constatando que realmente a sinhá morrera, correu à procura de Floriano. Encontrou-o e chamou-o à parte. Floriano não gostava da amiga da mãe, mas vendo-a apavorada aproximou-se.

— Sinhô Floriano, aconteceu uma desgraça, a sinhá, sua mãe, morreu.

Floriano não disse nada, e Jumira tratou de explicar:

— A sinhá estava na casa abandonada para um encontro com Tomé, como demorou fui lá e a encontrei morta por uma facada.

— Falou a alguém do acontecido? — perguntou Floriano preocupado.

— Não, sinhô — respondeu Jumira.

— Fique calada e vamos lá.

---

2 N.A.E. Espíritos maus também sabem desligar o perispírito do corpo morto. E somente o fazem para maltratar ou com seus afins. Espíritos que vagam não sabem fazer isto. Para saber é necessário aprender. E espíritos como estes, que trabalham na maldade, normalmente sabem. Espíritos bons são bonitos, harmoniosos e equilibrados, podem ter a aparência diversa, brancos, negros, amarelos etc. Espíritos feios também têm aparências diversas, mas são feios por serem desequilibrados e por não terem harmonia.)

O terceiro engenho

Floriano ficou impassível ao ver a mãe morta. Por instantes ficou calado, pensou e encontrou uma solução. Comunicou a Jumira que estava ao seu lado quieta também:

— Meu pai está viajando e eu vou resolver este assunto. Não quero mais escândalos, chega os que minha mãe nos deu a vida inteira. Hoje cedo ela vendeu Ritinha, uma escrava boa, somente porque namorava um dos seus amantes. Tomé teve motivos para matá-la. Para todos, mamãe vendeu Tomé junto com Ritinha. E ela morreu do coração. Você é capaz de fechar este ferimento? De vestir o cadáver e o ferimento não aparecer?

— Sou sim, sinhô — afirmou Jumira chorando. — Gostava muito da sinhá e vê-la assim me entristece.

— Sei — respondeu Floriano em tom irônico. — Vamos logo.

Floriano saiu do quarto, aguardou na sala. Jumira tratou de obedecer a ordem. Com panos fechou o ferimento, limpou o corpo e o vestiu.

— Pronto, sinhô — disse Jumira —, venha vê-la.

— Está bom — Floriano a examinou. — Agora irei levá-la até sua casa e depois diremos a todos que ela morreu de uma crise do coração e no seu lar. E você, somente você, cuidará do cadáver. E não preciso dizer para ficar calada.

— Nada direi. Mas, sinhô Floriano, e o assassino? Irá atrás dele, não é?

— Se for, todos ficarão sabendo a verdade. Será muito vergonhoso dizer que minha mãe morreu assassinada por um dos seus amantes negros.

E assim foi feito. Houve cochichos, desconfiaram, mas para todos sinhá Teodora desencarnou por uma doença no coração. Ninguém sentiu a morte dela. O velório foi simples e o enterro sem choros. Só Jumira sentiu, não por afeto, mas por perder a protetora.

Palco das encarnações

    Ninguém foi atrás de Tomé, que tratou logo de fugir indo atrás do mercador que comprou Ritinha. Logo o encontrou. Passou a segui-los de longe. À noite, o mercador, com dois empregados e quatro escravos, acampou para descansar. Os escravos ficaram numa barraca amarrados, o mercador dormia em outra, enquanto um dos empregados dormia e o outro montava guarda. Tomé os vigiava escondido, li seus pensamentos, ele pretendia matar os empregados e o mercador. Tentei de tudo para fazê-lo mudar de ideia. Mas Tomé não acatou meus pensamentos. Ele não recebeu nenhuma orientação religiosa, não acreditava em nada, não entendia a existência de Deus nem se preocupava com isto. No momento ele estava apenas querendo salvar sua amada. Já matara uma, a sinhá, e foi fácil, seria também com mais três. Quando achou que todos estavam dormindo, aproximou-se devagar do empregado que fazia guarda e por trás o atacou tampando a boca dele e lhe enfiando a faca, a mesma que matou a sinhá, no peito. Naquele tempo, era difícil um escravo ter uma arma, Tomé a tinha porque recebeu da sinhá quando se tornou amante dela, foi um presente. Tomé, antes, trabalhava na lavoura e morava na senzala, depois passou a trabalhar na casa-grande e a morar no galpão. E foi esta arma que ganhou de presente que serviu para matar quatro pessoas, inclusive a sinhá que o presenteou. O empregado desencarnou sem ao menos gemer. Tomé aproximou-se do outro que dormia e do mesmo modo o matou. Entrou confiante na cabana do mercador e este foi ainda mais fácil matar. Acordou os escravos, soltou-os, abraçou Ritinha com carinho.

    — Vocês estão soltos! Matei o mercador e seus empregados. Vou pegar o que quero dos pertences deles, depois vocês podem pegar o que quiserem e cada um por si.

Tomé escolheu dois bons cavalos, pegou alimentos, armas e partiu com Ritinha. Sabia que na montanha perto dali tinha um agrupamento de negros fujões e foi se juntar a eles. Os outros três escravos, todos homens, pegaram tudo que acharam e resolveram ir pelo rio. Tomé e Ritinha acharam o grupo, com eles ficaram e foram felizes juntos. Com o tempo, Tomé sentiu um pequeno remorso pelos seus crimes. Quanto ao mercador, foi encontrado no outro dia à tarde por pessoas que moravam por perto. Enterraram lá mesmo os corpos e não foram atrás dos escravos fujões, porque ninguém os reclamou. Ficando sem solução, assim, mais um dos muitos crimes ali praticados.

Floriano esperou passar algumas semanas depois da morte da mãe e mandou chamar Jumira.

— Jumira, você é uma escrava como outra qualquer. Não tem carta de alforria. Não a quero mais aqui no engenho. Poderia vendê-la, mas, em respeito a minha mãe, que lhe tinha como amiga, vou lhe dar a carta de alforria. Aqui está, deve partir amanhã cedo.

— Mas, sinhô, não quero ir embora — Jumira apavorou-se.

— Você não tem escolha, deve partir, se amanhã à tarde ainda estiver aqui, mudo de ideia e mando vendê-la na vila. Agora vá embora.

Jumira triste foi para sua casa. Gostava dali e ir embora para onde? Mas foi. No outro dia cedo, partiu a pé do engenho levando suas poucas coisas e acompanhada por seus companheiros desencarnados. As duas casas foram dadas para moradia de duas famílias de escravos bons e fiéis.

Quando tio Josias chegou, Floriano ia lhe contar a verdade, mas ficou com dó do pai e lhe falou a mesma história que inventou. Josias não sentiu a morte da esposa, até que ficou aliviado. E pediu ao filho:

— Floriano, você faz tempo que cuida do engenho. Já estou velho, cansado e não quero mais trabalhar. Vou morar com Pedro. Você cuida do engenho?

— Sim, meu pai, vá tranquilo.

Floriano passou a tratar melhor ainda os escravos e o engenho progrediu muito.

Fui ver tia Teodora muitas vezes no Umbral. Ela passou a ser escrava do grupo que a serviu, era humilhada, espancada e muito maltratada. Tentei muitas vezes transmitir bons pensamentos a ela, mas titia os repelia, tinha ódio, muito ódio. Assim ela ficou no Umbral sofrendo, até que se arrependeu, passou a ser resignada e pôde ser socorrida; mas isto foi depois de sessenta e cinco anos do seu desencarne. Mesmo depois dos dez anos que ali fiquei, procurei saber deles, foi assim que soube de tia Teodora.

Maria, a filha de Floriano e Tonha, estava mocinha e Floriano tratou de lhe arranjar um bom casamento. Deu-lhe um bom dote e um moço comerciante casou com ela. Os dois gostaram um do outro e o casamento deu certo.

Naquele engenho fiz uma grande amizade, Sofia. E, uma vez amigos, sempre amigos.

O meu grupo familiar era difícil, mas não desanimei, e o pouco que consegui fazer era muito para mim. Principalmente no que era meu objetivo principal, ou seja, que os escravos fossem tratados melhor. E estava conseguindo. Com ajuda de Sofia consegui que no terceiro engenho houvesse pouquíssimos castigos e que os negros fossem vistos como seres humanos. Eu tinha uma grande esperança: que no futuro fôssemos todos amados como irmãos que somos, filhos do mesmo Pai, Deus. De minha parte fazia o propósito de participar desta tarefa. Se cada um, consciente de que necessita fazer algo de bom para que isto aconteça, o fizesse, seriam muitos a se reunir, a amar para tentar anular o ódio e fortalecer o amor. E um dia a Terra, nossa morada abençoada, seria um lugar onde a fraternidade reinaria.

DEZ ANOS SE PASSARAM

Tio Cândido estava cada vez pior. Seus obsessores agora em número maior não lhe davam trégua. Ele falava sozinho, ria e xingava. Comia com as mãos e a maior parte do tempo não conhecia as pessoas, dava vexame expondo-se ao ridículo. Tia Madalena se apavorou e os filhos temiam-no ainda mais. Já não ligava mais para o engenho e minha tia teve que cuidar de tudo junto com Matias. Mas inexperientes não sabiam o que fazer na direção dos negócios.

Tia Madalena tinha um sobrinho que estudou no Rio de Janeiro, era filho de sua irmã. Ele voltara para casa há pouco tempo. Ela sabia que o cunhado não estava bem de situação financeira. E que José, o sobrinho, deveria voltar para a corte à procura de um emprego. Tia Madalena mandou um empregado à casa da irmã, que ficava a dois dias de viagem a cavalo, levar uma carta. Minha tia na missiva pedia à irmã que mandasse o filho, José, passar uma temporada no engenho para ajudá-la, e disse que lhe pagaria um bom salário.

Assim, José veio para o engenho. Logo que o vi, gostei dele, abolicionista, com ideias modernas e de bons sentimentos.

Palco das encarnações

— José, meu sobrinho — disse tia Madalena. — Que bom vê-lo aqui! Estamos sem saber o que fazer. Seu tio ficou doente e não temos experiência em cuidar de nada. Espero que fique conosco e nos ajude. Tem para isto todo nosso apoio. Faça o que quiser, contanto que organize tudo.

— Vim com vontade de ser útil, tudo farei para tranquilizá-la — respondeu sorrindo.

Matias até que estava se esforçando, mas sem autoridade os empregados não sabiam se obedeciam ao coronel ou ao filho, mesmo porque tio Cândido não falava mais nada coerente.

Por alguns dias, José tratou de conhecer o engenho e se inteirar dos negócios. Ficou horrorizado com o estado de miséria em que viviam os escravos e os empregados. Vendo o tio, percebeu que este estava completamente louco. Reuniu a tia e os primos e deu sua opinião.

— Tia Madalena, não concordo com a maneira que vocês tratam os escravos. A miséria é grande, isto não é justo. Somente ficarei aqui se forem tratados de modo mais humano.

— Para mim tudo bem — concordou Matias que torcia para o primo ficar. — Mas meu pai...

— Tio Cândido está louco. Completamente doente e um enfermo como ele não pode ficar livre por aí. Depois o engenho está virando um caos, porque ele dá ordens absurdas. Minha opinião é que ele seja encarcerado.

— Meu pai preso? — perguntou Belinda timidamente.

— Sim. Certamente teremos de fazer um local próprio. Ele solto e tão doente como está poderá matar alguém aqui da casa. Não se pode confiar nas ações de um doente mental.

— Concordo com você — disse tia Madalena. — Nem estou dormindo mais direito com medo dele. Ele diz que é perseguido e

Dez anos se passaram

que vai matá-los. Não vemos ninguém persegui-lo. Confundindo-nos com seus inimigos, poderá matar a mim ou aos filhos.

— Podemos fazer algumas adaptações na prisão do porão de nossa casa e deixá-lo lá — decidiu Matias. — Já tinha pensado nisto e não vejo outra solução.

— Sempre tive medo do meu pai — concordou Belinda. — Agora tenho mais ainda. Decerto ficou doente de tantas maldades que fez na vida. Quero que ele seja preso e logo. Quanto aos escravos, José tem razão, devemos lhe dar carta branca para que estes pobres seres humanos sejam melhor tratados aqui no engenho.

— Vou logo de manhã providenciar as novas acomodações do papai — determinou Matias.

— Sim, é o melhor — finalizou tia Madalena. — É melhor para nós e para ele.

Os obsessores, ao escutarem a decisão da família, gritaram contentes, festejaram e bateram palmas.

— *Preso no lugar onde ele prendeu a tantos!* — repetiam.

Matias, logo de manhã, com alguns escravos e empregados foram ao porão, limparam-no todo. Meu primo escolheu uma das três celas, pintou-a, colocou lá cama, mesa, roupas limpas e logo à tarde o local estava pronto para receber o novo preso.

Depois do jantar, três feitores, Matias e José pegaram tio Cândido e levaram-no à força para seu novo aposento. O coronel gritou, bateu nas paredes, mas ninguém veio lhe abrir a porta. Até que se cansou, deitou no leito e dormiu. Os obsessores vibraram. O grupo se afinava no ódio. Matias designou um escravo para levar alimentos duas vezes ao dia para o pai. Uma vez por semana quatro empregados iam ao porão, amarravam o coronel Cândido nas grades e duas negras limpavam a cela e trocavam as roupas de cama. Faziam isto rápido, porque o coronel ficava xingando sem parar e as ameaçando. De vez em quando tia Madalena descia ao porão para se certificar se estava tudo certo. Eram visitas rápidas, os filhos não quiseram mais vê-lo.

Os obsessores ficaram com ele, mas não incomodavam mais ninguém. Eles, vendo José melhorar a vida de seus irmãos de raça, passaram a respeitá-lo. Como Ângelo me explicou, ali estava uma obsessão de muitos anos. Certamente quando o coronel Cândido desencarnasse eles iriam levá-lo ao Umbral e por lá ficariam. E, se insistissem em não perdoar, a obsessão seguiria por encarnações.

José tratou de pôr suas ideias abolicionistas em prática. Destruiu todo o material de tortura, queimou o tronco. Depois disto, mandou abrir o portão da senzala para que os escravos ficassem no pátio e discursou para eles. Falou com convicção que eles seriam dali para frente bem tratados. E que a vida deles no engenho seria bem melhor.

Que calamidade! Tive dó de José. Os escravos, vendo os acontecimentos, vendo o tronco queimado e a senzala aberta, arrumaram uma confusão. Oprimidos por muitos anos, não tinham consciência do que lhes estava sendo oferecido.

Um grande grupo de escravos saiu da senzala, mataram um feitor, foram para o alambique, local onde tinha aguardente, beberam, houve brigas, dois negros morreram e doze escravos fugiram. Pela manhã não quiseram trabalhar. A contragosto, José teve de recorrer ao capitão do mato para ir atrás dos fujões. E mandar que os empregados, os feitores, usassem o chicote para fazê-los trabalhar. A senzala foi novamente trancada. José desanimou e até chorou. Consolei-o:

— *José, não desanime! Coragem! Tia Madalena e seus primos confiam em você! Vá aos poucos dando regalias aos escravos. Vá modificando o tratamento deles devagar.*

José me escutou. Parou de se lastimar e foi dar as ordens necessárias. Mandou que enterrassem os mortos e que a família do empregado morto ficasse no engenho. Fez um plano e colocou logo em ação. Castigos não, disciplina sim. E aos poucos foi melhorando a vida dos negros no engenho. Foram capturados oito negros e tudo foi voltando ao normal. José despediu alguns empregados, os que eram maus, e contratou outros que lhe pareceram ser boas pessoas. Certamente que eu influenciei José. Vendo que coronel Cândido tinha muito dinheiro guardado, reformou o engenho, as casas dos empregados e passou a pagá-los melhor. Deu mais folgas aos escravos, que passaram a trabalhar menos horas por dia. Melhorou de forma gradual a alimentação deles, as roupas, cuidou dos doentes, dos velhos e das mulheres grávidas. E, com a permissão de tia Madalena, Matias e Belinda, deu carta de alforria e dinheiro a todos os escravos filhos de tio Cândido. Todos foram embora. Ainda existiam muita revolta e brigas que José foi aos poucos apaziguando.

Construiu uma grande e espaçosa senzala e desativou a antiga. Em pouco tempo o engenho mudou de aspecto. O lugar tornou-se alegre, os escravos mais fortes e contentes. Quando os escravos passaram a confiar em José, este lhes deu o domingo de folga, permitiu festas em que havia carnes e aguardente. Deixou que eles escolhessem seus pares e todos ficaram bem. Para compensar os bons escravos e fazer com que todos ficassem incentivados a trabalhar, José passou a dar prêmios, como botas, chapéus, roupas diferentes, aguardente, mais festas. Até que um dia ele deixou a senzala aberta e nenhum escravo fugiu. Até dois escravos que fugiram anteriormente pediram para voltar. Ainda havia brigas e desavenças, mas bastava a presença de José para que se aquietassem, eles o respeitavam. Estas modificações demoraram três anos. Mas valeu a pena. Eu me alegrei e os escravos pareciam que tinham saído do inferno e entrado no céu.

Mas, nestes três anos em que José estava no engenho, muitas coisas aconteceram na casa-grande. Tia Madalena, que sempre fora oprimida, sentiu-se livre com o enclausuramento do marido, passou a receber mais visitas, ir visitar os parentes pela redondeza e até chegou a fazer viagens mais longas. Matias sentiu-se doente, foi a uma cidade maior consultar o médico, estava com tuberculose. Adoentado, isolou-se mais ainda, sem entretanto incomodar ninguém. Pouco antes de vencer meus dez anos entre eles, Matias desencarnou tranquilo como viveu, pôde ser socorrido, fato que me alegrou. Aceitou a desencarnação e logo estava bem no Plano Espiritual.

José e Belinda, logo que este veio para o engenho, passaram a conversar e viram que tinham muito em comum. Logo uma forte amizade os uniu. José não a achava feia e, com o tempo, conhecendo-a melhor, até achou-a bonita. Depois de alguns meses se viram enamorados. Belinda se retraiu, tinha bem claro na mente seu passado. José criou coragem e lhe declarou:

— Belinda, estou apaixonado por você. Posso ter esperança? Corresponde aos meus sentimentos?

Belinda enrubesceu e gaguejou.

— Eu, bem, não sei...

Saiu correndo, deixou o primo triste e pensativo.

Belinda foi para o quarto chorar. Avisada por uma escrava da casa, tia Madalena foi ver o que ocorria.

— Ah, mamãe, como sou infeliz! Amo José e ele me ama. Acabou de me confessar. Mas meu passado me condena.

— Já desconfiava que José a amava. Ele a olha com tanto carinho. Mas não vou deixar que o passado a impeça de ser feliz. Não vou!

— O que a senhora pode fazer?

— Vou contar a ele a mesma história que contei ao seu pai. Se o esperto coronel Cândido acreditou, José também acreditará.

— Mas, mamãe, José não merece ser enganado — Belinda estava temerosa.

— Não vamos enganá-lo, iremos somente contar a nossa versão. Mentimos ao seu pai para que ele não a matasse. Mentiremos ao José por sua felicidade. Depois o passado passou.

— Mas e se mesmo assim ele não me quiser?

— Eu irei falar com ele — decidiu minha tia —, tenho mais jeito que você, saberei narrar os fatos. Tenho certeza de que ele a aceitará, é moço estudado na capital, é bom e inteligente.

— Está bem, conte-lhe tudo e seja o que Deus quiser.

Tia Madalena saiu do quarto da filha, foi até a varanda e encontrou o sobrinho pensativo.

— José, preciso lhe falar.

— Sim, minha tia — José estava encabulado.

— Já sei que ama Belinda e que ela o ama muito. Ficarei feliz em vê-los juntos.

— A senhora tem razão em dizer que eu a amo. Mas, quanto a ela, não sei — suspirou triste.

— José, meu querido, tenho que lhe contar um fato importante. Uma tarde, Cândido, querendo seu remédio, mandou Belinda à vila sozinha para comprá-lo.

— Que imprudência!

— Sim, tem razão. Interferi, mas Cândido não me ouviu e lá foi a menina sozinha para a vila...

Tia Madalena, com seu jeitinho delicado, contou a José a história que dissera ao marido: Belinda foi atacada, engravidou,

Palco das encarnações

o pai mandou matar o mascate, e a moça teve uma filha que morreu.

— José, meu sobrinho, vê como nossa Belinda sofreu, aqui trancada com o pai louco e com medo dele. Foi uma infelicidade o que aconteceu a ela. Minha filha o ama muito, mas não podia esconder este fato de você. Ela está chorando e sofrendo no seu quarto. Coitadinha!

— Coitadinha mesmo! — penalizou-se José. — Como ela sofreu! Ah, minha tia, isto não me importa. Penso que a amo mais ainda.

— Vou chamá-la para que ela escute isto de você.

Tia Madalena foi rápido ao quarto de Belinda lhe dar a notícia. José, como todos os enamorados, sentiu as esperanças lhe darem ânimo, aguardou ansioso a amada.

— É verdade?! Ele me aceitou? Meu Deus, morro de felicidade! — exclamou Belinda feliz.

— Nada de morrer! José a ama e serão felizes, muito felizes. Belinda, evite de falar do que aconteceu, o passado ficou para trás. Eu já contei e pronto. Não esqueça que contei a versão que demos ao seu pai. Nada de pedir perdão. Você é a vítima!

— Mamãe, será que está certo?

— Claro, querida — afirmou tia Madalena. — Confie em mim. Você sofreu tanto. Sempre foi reprimida aqui em casa. Você, ingênua, foi presa fácil daquele homem que queria vingar-se do seu pai. Não foi a vítima? Vamos logo, José a espera.

Ajudou a filha a se arrumar e a levou até José.

A mentira não é solução para nada. Tentei induzi-las a pensar assim, não me ouviram. Também pensava que Belinda era a vítima, do preconceito, do autoritarismo do pai e da vingança do mascate. Mas não precisavam mentir, elas o fizeram mais por medo do que por maldade. A verdade deve sempre ser dita.

Acompanhei-as até a varanda.

— Meu sobrinho, aqui está minha menina.
— Belinda!
— José!

Abraçaram-se e tia Madalena entrou rápido na casa. Naquela noite José pediu a tia Madalena a mão de Belinda em casamento. Casaram dois meses depois e fizeram uma grande festa. Os dois foram felizes e tiveram lindos filhos.

Ficava a maior parte do tempo no engenho do meu pai, coronel Honório. Conversava muito com meus amigos desencarnados que aí trabalhavam com o grupo de bons, como também conversava com Preta-Velha e Lourenço. Os dois continuavam ajudando a todos. Por doença veio a desencarnar meu amigo Dito que ficou com o grupo de bons, trabalhando no engenho para ficar perto de Zita, que ali ficou para ajudar os filhinhos.

O casal Maria e Tião me preocupava, vencia meu tempo e não conseguia ajudá-los. Continuavam a vagar pelo engenho. Tião havia melhorado, não se achava tão perturbado. Tentando ajudá-los, pedi ao Ângelo auxílio. Meu amigo como sempre veio para que tentássemos novamente fazer com que perdoassem e assim serem socorridos. Ao nos ver, Maria foi falando:

— *Lá vem o negro que quer ser branco. Augusto, já estou cansada dos seus conselhos, não sei por que o escuto. Talvez porque você já foi escravo.*

— *Maria, não vim para lhes dar conselhos nem para lhes pedir que perdoem* — informei. — *Conversei com meu amigo Ângelo e ele me explicou algumas coisas que talvez sejam do interesse de vocês.*

— *O que é que um branco tem na cabeça que possa ser do interesse de um negro?* — perguntou Maria. — *Nós, Tião e eu, conhecemos os brancos como senhores, e como pagamento ao trabalho tivemos o chicote, os maus-tratos e não posso esquecer*

Palco das encarnações

o que fizeram comigo para satisfazer seus desejos bestiais. Acho-os parecidos com animais, que me perdoem estes. Para mim, brancos são seres asquerosos.

Ângelo, que até o momento estava quieto, falou com tranquilidade, olhando-os com seu olhar bondoso.

— Maria, Tião, peço-lhes que me escutem, sei que não gostam de brancos, mas meu espírito não tem cor. Amo a todos como irmãos, porque somos filhos do mesmo Deus que é Pai dos brancos e dos negros, e que nos pede para perdoar para sermos perdoados.

Tião, que prestava atenção, interferiu:

— Pare aí! Não me venha novamente com esta conversa mole. Se Deus é Pai de todos, por que somente a nós cabe trabalhar e viver como escravos, apanhar e sofrer maus-tratos? E ainda por cima achar que tudo está certo e perdoar para ser perdoado?

— Calma, Tião — rogou Ângelo. — Não estou lhe pedindo nada. Falemos de vocês, esqueçamos os outros. Você, Tião, era infeliz quando encarnado. É feliz agora fora do corpo físico?

— Não, não sou — respondeu Tião triste. — Mas pelo menos não sou escravo, estou com Maria e posso falar com branco de igual para igual, como estou falando com você.

— Muito bem, Tião — argumentou Ângelo com carinho. — Esqueçamos então que eu sou branco e que você é negro. Vamos encarar os acontecimentos como seres humanos. Porque, apesar da diferença da cor, nossos sentimentos são os mesmos. Temos as mesmas dores, as mesmas angústias, as mesmas aspirações, gostamos das mesmas coisas. E se estamos a nos agredir, a escravizar, é sinal que algo está errado. E o erro não é de Deus, nosso Pai, e sim nosso, dos brancos e dos negros. Precisamos *compreender que Deus nos deu liberdade para construir uma vida cada vez melhor tanto interior como exterior. Se não pararmos para pensar, passaremos séculos nos revezando, ora agredidos ora agredindo. Vocês foram os agredidos, agora são os agressores. E, como você mesmo concluiu, não estão felizes. Devemos compreender que a humanidade é uma só, apesar de os homens se apresentarem como brancos, negros, amarelos etc. Devemos mudar nosso mundo interior para melhor para que as nossas ações exteriores não sejam causa da dor dos nossos semelhantes. Se não fizermos o bem e não pararmos de errar, não iremos nos livrar nunca das expiações e da dor dos nossos erros. Este fato bem compreendido leva-nos a perdoar e construir um novo relacionamento entre os homens. Não mais porque Deus quer, e sim porque nós queremos construir um mundo em que todos possamos ser felizes. Pensando assim, nossa vontade é igual à vontade de Deus e as duas se transformarão numa só. E quando o homem faz o bem não porque Deus quer, mas compreendendo que o que Deus quer é bom para ele, há então garantia de perpetuidade, de paz, harmonia e felicidade na vida dos seres humanos.*

— Você é um branco diferente, é bom — opinou Maria. — Eu na verdade não consegui compreender tudo o que você disse. Mas não sei por que meu coração me diz que você tem razão. Mas mesmo assim continuo a odiar aqueles que agridem nossa raça! Por favor, Ângelo, nos ajude a arrancar do peito este ódio que corrói nossas almas. Ensine-nos a ver e sentir, assim como você vê e sente.

Tião e Maria banharam-se em prantos e se entregaram a Ângelo esperando que dele viesse a bonança para seus corações e almas tão sofridas. Ângelo os abraçou com carinho de pai e

Palco das encarnações

volitou com eles para um posto de socorro. Muitas vezes fui visitá-los na enfermaria onde estavam internados. Estavam na parte onde são internos os suicidas. Maria, por intervenção de Ângelo, pôde ficar com Tião, recuperaram-se logo e o ódio foi enfraquecendo até que não restou nada dele. E os dois planejavam trabalhar como socorristas para ajudar a tantos que vagam em sofrimento. Contente, escutei de Maria:

— *Augusto, não serão somente os negros que iremos socorrer, os brancos também, porque somos todos irmãos.*

Pela doença, meu pai tornou-se mais humano. Passei a conversar com meu pai e minha mãe, quando desligados do corpo físico pelo sono. Nestes encontros tomava a precaução de não lhes aparecer como negro. Pela vontade, transformava-me no Augusto branco, o filho adorado. Com isto pude lhes aconselhar e ensinar. Ao acordar, às vezes, lembravam de alguma coisa que diziam ser sonho. Mas ficava sempre algo de bom e foram mudando devagar. Meu pai passou a ter dó dos escravos doentes, porque sabia que era difícil trabalhar não tendo saúde. Dispensou os velhos do trabalho e também poupava as negras grávidas. Acabou com o reprodutor, deixando que escolhessem seus pares e não obrigou mais as negras a procriarem. Passou a alimentá-los e a vesti-los melhor.

Depois do ocorrido com o irmão Cândido e escutando Belinda dizer que foi castigado por ele ter sido mau, coronel Honório temeu e passou a castigar os negros raramente. Acabaram os castigos injustos, para minha alegria. Despediu o feitor mau e deu mais autoridade ao feitor bom para alegria dos escravos.

Vendo os sobrinhos Floriano e José tratarem melhor os escravos, meu pai aumentou e melhorou as instalações da senzala e deu o domingo de folga a eles.

Coronel Honório e sinhá Decleciana sentiram muito a desencarnação de Emília. Um dia ouvi-os comentando:

— Decleciana — lamentou meu pai —, sinto remorso por ter obrigado Emília a se casar. A coitadinha não queria e eu a forcei. Ela foi infeliz! O marido a traía, era muito mais velho que ela. Agora me arrependo. Penso que Emília morreu de tristeza.

— Eu também tenho remorso. Deveria como mãe defendê-la. Não a ajudei. Também tenho pensado que ela morreu de infelicidade. Perdemos dois filhos.

— Os escravos também perdem filhos — disse meu pai. — Eles também sofrem!

— Acho que eles têm alma como a nossa, embora a igreja afirma que não — opinou minha mãe pensativa.

— Por que será então que eles são negros e escravos?

— Talvez, Honório, para poder aprender com os brancos. Porém até agora eles somente trabalharam.

— Decleciana, vou ser melhor para eles — decidiu meu pai.

— Eu também!

Os dois, sofridos e saudosos dos filhos, fizeram o propósito de serem melhores senhores aos escravos. Porém ambos, racistas, não gostavam de negros. Mas para minha tranquilidade cumpriram o que prometeram. Tornaram-se senhores de escravos mais humanos e os escravos do engenho foram mais felizes. Mamãe Naná e meus irmãos eram bons escravos e beneficiaram-se com a nova vida no engenho.

E a vida tornou-se melhor nos três engenhos.

Dez anos se passaram, acabou o meu tempo. Teria de voltar à colônia para me preparar para reencarnar. Ângelo veio me buscar.

— *Augusto, temos de partir.*

Palco das encarnações

— Ângelo, tudo fiz para ajudar aqueles que por uma das minhas passagens na Terra foram minha família terrena. Mas concluí que toda a humanidade é minha família.

— Aprendeu muito, Augusto. Estou orgulhoso de você — elogiou Ângelo.

— Meu amigo, estou a pensar: será que os ajudei de fato?

— Seu objetivo foi que se tornassem, nos três engenhos, melhores para os escravos. Isto você conseguiu.

— Alegro-me pelo pouco que fiz — expressei com sinceridade. — Vou me preparar e voltar neste imenso palco que é a Terra para mais uma encarnação. Serei mulato e irei fazer de tudo para tentar alertar meus irmãos da tremenda injustiça que é a escravidão.

— Augusto, os escravos serão libertados. Mas enquanto a Terra for um planeta de espíritos preocupados cada um consigo próprio, sem trabalhar pelo bem comum, teremos oprimidos e opressores.

— Quero voltar muitas vezes à Terra e intensamente trabalhar, se for possível pela Literatura, defender os oprimidos e tentar me educar, educando a outros para que este palco seja de felicidade.

— Que Deus o proteja! — Ângelo me abençoou de coração.

E foi possível, pois somos donos do nosso destino, seja na construção do bem ou no acúmulo de dívidas no cultivo do mal. O que somos hoje é resultado do que fizemos ontem e nosso amanhã será o florescimento do que plantamos hoje. Augusto reencarnou, teve uma brilhante passagem pela Terra, cumprindo o que disse. No momento em que escrevo este livro, ele se

Dez anos se passaram

prepara para voltar e representar um novo personagem, usando do seu dom literário para ensinar que a vida pode ser bem melhor quando cultivamos e vivenciamos o exemplo de Jesus de Nazaré amando a todos como irmãos.

Ao terminar a leitura deste livro, talvez você tenha ficado com algumas dúvidas e perguntas a fazer, o que é um bom sinal. Sinal de que está em busca de explicações para a vida. Todas as respostas de que você precisa estão nas Obras Básicas de Allan Kardec.

Se você gostou deste livro, o que acha de fazer que outras pessoas venham a conhecê-lo também? Poderia comentá-lo com aquelas do seu relacionamento, dar de presente a alguém que talvez esteja precisando ou até mesmo emprestar àquele que não tem condições de comprá-lo. O importante é a divulgação da boa leitura, principalmente a da literatura espírita. Entre nessa corrente!

LEMBRANÇAS
QUE O TEMPO NÃO APAGA

VERA LÚCIA MARINZECK DE CARVALHO
Ditado pelo Espírito ANTÔNIO CARLOS

Romance | 15,5x22,5 cm | 256 páginas

"Esta é a história de cinco espíritos que, após terem uma reencarnação com muitas dificuldades, quiseram saber o porquê. Puderam se lembrar, porque tudo o que acontece em nossas existências é gravado na memória espiritual, e a memória é um instrumento que Deus nos concedeu para que tivéssemos consciência de nossa existência. O tempo acumula as lembranças, que são o registro da memória dos acontecimentos que se sucedem. E esses registros são muito úteis para cada um de nós, pois nos confortam e ensinam. Acompanhando esses cinco amigos, conhecemos algumas de suas trajetórias encarnados: seus erros e acertos, alegrias e tristezas. Em certo ponto, eles reencarnam com planos de reparar erros com o bem realizado e de aprender para agilizar a caminhada rumo ao progresso. Será que conseguiram? Você terá de ler para saber. E agradecerá no final pelos conhecimentos adquiridos e pelas interessantes histórias!"

boanova@boanova.net
www.boanova.net | 17 3531.4444

Levamos o livro espírita cada vez mais longe!

Av. Porto Ferreira, 1031 | Parque Iracema
CEP 15809-020 | Catanduva-SP

www.**petit**.com.br
www.**boanova**.net

petit@petit.com.br
boanova@boanova.net

17 3531.4444

17 99777.7413

Siga-nos em nossas redes sociais.

@boanovaed

boanovaeditora

CURTA, COMENTE, COMPARTILHE E SALVE.
utilize #boanovaeditora

Acesse nossa loja

Fale pelo whatsapp